Introdução à Economia Ambiental, Economia Ecológica e Valoração Econômica

José Julio Ferraz de Campos Jr.

São Paulo

Edição do Autor

2017

"Nem tudo o que pode ser quantificado é importante e nem tudo o que é importante pode ser quantificado"

William Bruce Cameron

Sumário

Introdução 3

A Escassez, Tecnologia e Bem-estar na Formação do Valor. 6

A Economia Neoclássica do Meio Ambiente 11

A economia da escassez e a economia da poluição 13

Externalidades 15

A Economia Ecológica 22

Técnicas de Valoração 33

Conclusões 58

Apêndices 78

Prefácio

A crescente preocupação com as consequências dos diferentes setores de atividade econômica sobre a sociedade e o meio ambiente levou os economistas, e posteriormente os ecólogos, a buscarem meios de traduzir tais consequências em métricas quantificáveis.

Esta necessidade resultou nos chamados métodos de valoração econômica, pela abordagem da economia do meio ambiente, ou ambiental, pela abordagem da economia ecológica. Apesar de ambas buscarem o mesmo objetivos, determinar a intensidade do impacto das atividades econômicas, elas se distinguem pela forma como abordam a questão.

Conforme será visto ao longo deste livro, enquanto a economia do meio ambiente se limita às métricas que permitam alguma forma de monetização, a economia ecológica atua de forma mais holística, considerando métricas distintas para elementos distintos.

Embora os métodos de valoração possam ser aplicados por ambas, a restrição da economia àquilo que pode ser monetizado resulta em grande dificuldade teórica e prática para que ela lide com os intangíveis.

Este livro apresenta de forma introdutória as distintas abordagens para o conceito de valor por ambas linhas de pensamento, os atuais métodos de valoração em uso bem como as vantagens e desvantagens dos mesmos.

Sendo introdutório, os temas abordados não são exauridos e uma bibliografia complementar é apresentada para o leitor interessado em um aprofundamento teórico no tema. Alguns casos práticos são apresentados na bibliografia, mas o leitor deve ter em mente a grande quantidade de estudos de caso publicados anualmente caso deseje buscar por outros exemplos de valoração econômica.

Finalmente, embora o presente texto se destine a todo o público interessado, não exigindo maiores conhecimentos em teoria econômica ou ecológica, para o público originário das ciências ambientais, o mesmo permite uma percepção da estrutura conceitual da economia que a impede até o momento, junto como as ferramentas de gestão dela derivada, de atingir efetivos resultados em sustentabilidade.

José Julio F. Campos Jr.

Jundiaí, 2017

Introdução

O ambiente natural fornece a base necessária para que as atividades econômicas possam ser desenvolvidas, propiciando ao homem o acesso livre a uma enorme variedade de bens e serviços, cujo conjunto permite que o suporte à vida, não apenas humana, seja mantido no planeta.

Seus recursos e serviços contribuem, entre outras coisas, para a instalação e desenvolvimento de atividades econômicas, mas, por muitas vezes serem gratuitos e de contribuição ser indireta, a percepção de seus reais benefícios é distorcida. Como conseqüência sua importância não tem sido devidamente reconhecida, assumindo um caráter secundário e sendo ignorados em importantes decisões políticas e econômicas.

Por outro lado, os recursos naturais que possuem uma representação direta na economia (madeira, minérios ou água) são importantes o suficiente para que esta se dedique quase inteiramente a estudá-los. Historicamente fundamentando sua teoria na busca pela alocação ótima destes recursos entre os diferentes atores do mercado a economia ignorava que os recursos naturais não ocorrem independentemente dos serviços ambientais, havendo uma complexa inter-relação entre eles, a qual permite que a exploração e o uso do meio ambiente pelo homem possam ser realizados.

Em anos mais recentes, no entanto, a preocupação com a manutenção do desenvolvimento econômico e suas conseqüências ambientais contribuiu para que sua percepção sobre o meio natural abandonasse os limites do simples uso dos recursos e atingisse a conscientização que o meio ambiente sustenta completamente a existência da espécie humana.

Como conseqüência, a importância dos bens e serviços ambientais como um todo passou a ser amplamente reconhecida e a avaliação de seu valor se tornou importante objeto de estudo para a economia. O principal ator nesta mudança foi a necessidade de determinar adequadamente os custos causados pelos danos ambientais derivados do processo produtivo, custos que passaram a afetar os rendimentos das empresas, seja devido às multas, as necessidade de adequações as normas ou, principalmente, pela crescente escolha do mercado por empresas ambientalmente conscientes.

Neste novo cenário a avaliação dos custos ambientais passa a ser feita por meio da valoração econômica, cujas técnicas estimam os custos e benefícios derivados do processo econômico.

Fornecendo informações para a compreensão da inter-relação entre os sistemas econômicos e ecológicos, a valoração subsidia os envolvidos em programas de gerenciamento ambiental na escolha das melhores soluções para os conflitos ambientais, sociais, econômicos e políticos inerentes às ações ambientais e econômicas sobre áreas naturais.

Assim, qualquer plano que busque aliar o desenvolvimento sustentável entre a economia e o meio ambiente terá que lidar com os conflitos existentes entre ambos e a gestão e solução destes conflitos dependem do bom conhecimento sobre os sistemas envolvidos, suas interdependência e as atividades produtivas que podem ser suportadas por eles.

É fundamental, portanto, o correto estudo das técnicas de valoração que se propõem a obter as informações necessárias para a gestão dos conflitos ambientais, devendo o potencial de aplicação destas técnicas na avaliação de danos econômicos ser conhecido para que seu uso possa se realizar eficientemente. Assim, deve ser realizada a avaliação dos fatores que influenciam seu uso, conjunto ou isolado, e suas limitações práticas de uso para que elas possam ser corretamente aplicadas.

Sem a pretensão de fornecer um estudo exaustivo sobre o tema, o presente texto analisa, de forma introdutória, como a economia aborda o meio ambiente a partir de sua estrutura teórica e apresenta as técnicas de valoração disponíveis para se estimar os efeitos das atividades econômicas sobre o meio ambiente.

A Escassez, Tecnologia e Bem-estar na Formação do Valor.

A valoração econômica consiste na tentativa de atribuir valores quantitativos aos bens e serviços ambientais, queiram eles estejam ou não representados no mercado. Suas técnicas tentam estimar os efeitos da atividade produtiva sobre o meio ambiente (incluindo aqui a sociedade) e avaliar adequadamente o a relação custo-benefício das diferentes atividades econômicas disponíveis.

O valor[1] de um bem foi inicialmente definido por Adam Smith,[2] no século XVIII, como consequência do trabalho e de recursos envolvidos em sua produção. O meio ambiente não possuía valor e os recursos dele obtidos, como a madeira, somente teriam valor após serem trabalhados pelo homem, sendo motivo de preocupação apenas se sua disponibilidade fosse reduzida. Somente a disponibilidade de recursos naturais para o processo produtivo era, assim, parte fundamental do processo de definição do valor e a base da preocupação da economia na época. A escassez de recursos certamente afetaria os custos de produção, elevaria os custos tanto do recurso quanto de seus derivados e implicaria na necessidade de aumento dos salários. Como conseqüência, haveria a redução do lucro e da capacidade de investimentos, acarretando assim a eventual estagnação econômica.

---

[1] O valor é intrínseco ao bem e único para um determinado momento e situação de mercado, dependendo das variáveis de mercado, de ambiente e das técnicas adotadas para sua determinação. Por exemplo, o preço de um litro d'água para alguém perdido no deserto difere para uma pessoa em situação e locais diferentes, embora o seu valor seja sempre o mesmo.

[2] Adam Smith, 1723-1790.

A teoria do valor proposta por Smith, entretanto, não permitia que se fizesse uma relação direta entre o valor e o preço de mercado de um bem. Ricardo[3] trabalhou a teoria do valor de Smith procurando demonstrar que o preço de mercado de um bem poderia ser explicado em função do trabalho envolvido em sua produção. No entanto, ele constatou que isto somente ocorreria se a relação entre capital e trabalho fosse constante em todos os níveis do mercado, e não houvesse a influencia da distribuição de renda na formação do preço[4]. Ricardo verificou, assim, que uma teoria do valor somente poderia explicar a formação dos preços praticados no mercado se estes fossem formados independentemente da distribuição de renda.

Contrapondo o problema da escassez com o desenvolvimento tecnológico, no século XIX John Stuart Mill[5] atribuiu à tecnologia um importante papel segundo o qual sua eficiência eventualmente poderia vir a suprir as necessidades materiais humanas, mesmo que a escassez de recursos levasse a economia a uma estagnação.

A consequência direta deste raciocínio era que a escassez não mais teria significativa importância no processo de formação do valor, e a disponibilidade de bens poderia ocorrer de forma igualitária com a alocação ótima de recursos pela tecnologia, sem envolver um aumento em seus custos. Garantido o acesso aos bens necessários, o homem poderia passar a se preocupar então em satisfazer suas necessidades não materiais.

---

[3] David Ricardo, 1772-1823.

[4] Mesmo sob um demanda constante de um determinado produto, a renda influencia em sua demanda de modo que locais, ou momentos, onde as pessoas apresentam com uma renda inferior resultem em menor demanda e o preço tende a oscilar em função da distribuição de renda. Consequentemente, somente o processo produtivo não é suficiente para definir a formação do preço de um determinado bem.

[5] John Stuart Mill, 1806 - 1873.

A tecnologia passa a ser vista como uma melhoria em relação a épocas passadas, sendo associada ao progresso para todos os níveis sociais. A crença no poder da tecnologia em preservar o desenvolvimento econômico acima de tudo viria a constituir um dos pressupostos mais fortes da teoria econômica moderna, a tecnocracia.

Com a inclusão do papel do desenvolvimento tecnológico, o posicionamento de Mill trouxe uma nova visão de como o valor de um bem deveria ser formado, definindo que não havia sentido em tratá-lo como função do trabalho envolvido em sua produção ou obtenção deixaria de ter sentido, mas sim a partir da utilidade[6] que o bem poderia ter para as pessoas. Nesta época o conceito de valor para a economia clássica passou a oscilar então entre o valor baseado no trabalho produtivo e a utilidade dos bens para as pessoas.

Por volta de 1870 o pensamento clássico sobre o valor foi revisto por Alfred Marshall[7], que uniu em uma nova teoria do valor o trabalho e a utilidade. Propondo que o preço de equilíbrio ocorre quando a utilidade e o custo ao consumidor se equivalem, a formação do valor e do preço passou a ser realizada no mercado em função da oferta e da demanda. A nova teoria do valor marcou o fim da economia clássica e o início da economia neoclássica.

Ao adotar o valor e a formação dos preços como dependentes da utilidade que as pessoas vêem nos bens adquiridos, as preferências individuais passaram a assumir o foco principal do problema de definição de valor, pois a utilidade é refletida pelo grau de satisfação. Uma vez que o bem-estar pessoal decorre da satisfação das necessidades e desejos, tem-se o que se convencionou denominar de economia do bem-estar, cujos pressupostos básicos são:

---

[6] A utilidade pode ser entendida como o grau de satisfação derivado do consumo de um determinado bem que satisfaça a necessidade da pessoa.

[7] Alfred Marshall, 1842-1924.

1. As preferências coletivas são a soma das preferências individuais.
2. As preferências individuais podem ser medidas em função do preço pago por bens e serviços.
3. As preferências individuais são maximizadas pela escolha da melhor combinação de bens e serviços que permita a obtenção da maior utilidade possível destes em função de sua renda.

Ao ser exposta a um conjunto de opções de consumo, a escolha que será feita pelo indivíduo é, portanto, a explicitação de suas preferências. Estas são influenciadas pela utilidade, real ou percebida, do bem, pelos sentimentos que a pessoa tem em relação a ele, seu padrão de comportamento perante a sociedade e pela quantidade e qualidade de informação que a pessoa possui sobre os bens escolhidos. Estes fatores influenciam em sua decisão e fazem com que as preferências sejam modificadas conforme as pessoas maximizar o bem-estar resultante do consumo.

Por exemplo, considere a possibilidade de uma pessoa adquirir uma determinada quantidade de livros ou CDs, assumindo uma disposição de gastar um montante "x" para esta compra. As possibilidades colocadas variam desde a compra de apenas livros, a compra de um conjunto de livros e CDs ou a compra somente de CDs. A escolha a ser realizada irá depender da utilidade que, naquele momento, os bens terão para o consumidor. Considere agora que os mesmo produtos fossem ser comprados usados, então adquiridos por um valor inferior, de maneira que o consumidor use apenas 70% de "x". A satisfação obtida com a escolha feita gera um bem-estar para a pessoa, que pode ser medido pelo excedente de consumidor, representado pelo benefício que o consumidor obteve na escolha feita, ou seja, a economia de 30% do total disponível. Este pode ser utilizado pela pessoa para maximizar ainda mais seu bem-estar através, por exemplo, da compra de mais livros ou CDs do que originalmente previsto.

A maximização do bem-estar é trabalhada pelo conceito da Eficiência de Pareto[8], onde, fora da perfeita eficiência econômica, o ganho de bem-estar de um indivíduo resulta necessariamente em perda de bem-estar de outro. Como conseqüência, atinge-se uma situação na qual é possível buscar a ótima maximização dos lucros e alocação de recursos onde o sistema de preços equilibra o comportamento dos agentes econômicos. O ponto deste equilíbrio seria atingido no momento em que as pessoas poderiam ter suas necessidades satisfeitas sem causar prejuízo a outros.

Esta é a base da economia do bem-estar, segundo a qual os consumidores optam pela maximização da satisfação pessoal em um mercado ideal de competição[9] pelos recursos. Entretanto é importante notar que o acesso a um bem de mercado é afetado pela concorrência entre os consumidores, a qual é influenciada por fatores concretos, como a distribuição de renda, ou intangíveis como o desejo de possuir determinado bem.

Como consequência temos uma competição imperfeita, onde alguns estão mais aptos ou disposto a consumir um bem que outros, gerando um mercado imperfeito, pois quanto mais difícil for obter o bem, maior será seu preço e menos pessoas poderão se satisfazer adquirindo-o, violando a eficiência de Pareto.

---

[8] Vilfrido Pareto, 1848-1923.

[9] Mercado que pode atuar sozinho sem a intervenção do Estado ou de entidades externas reguladoras. Este é um pressuposto fundamental da teoria neoclássica e se baseia na posição de Adam Smith e sua teoria da "Mão Invisível". Vide Apêndice A.

A Economia Neoclássica do Meio Ambiente

Historicamente, o meio ambiente tem sido tratado pela economia apenas como a fonte de recursos e o local de destino dos rejeitos do sistema econômico. Uma vez que não é preciso que o homem aja sobre o meio ambiente para obter os materiais que necessite[10], seu uso e consumo se fizeram de forma despreocupada ao longo do tempo. No final do século XVIII, a preocupação com a escassez começou a tomar forma com Malthus[11], o qual avaliou que com a quantidade de terra disponível para o plantio sendo limitada e com o contínuo crescimento populacional, a disponibilidade de alimentos seria limitada, vindo eventualmente a se esgotar.

Na mesma época Ricardo foi um pouco além, considerando também a qualidade das terras disponíveis, percebendo que com o esgotamento das terras mais produtivas a tendência de mudança para solos de menor qualidade levaria a uma redução no volume de alimentos produzidos, independentemente do esforço realizado para manter sua produção. Surgia assim a teoria dos retornos decrescentes, segundo a qual ao atingir-se o limite da capacidade de produção da terra, quanto maior o investimento realizado para aumentar sua produção, menor o retorno obtido.

---

[10] Quando se diz que a intervenção humana não é necessária para a obtenção de recursos naturais refere-se ao fato destes já estarem disponíveis, sendo preciso apenas coletá-los ou extraí-los, sem a ocorrência de custos de produção..

[11] Thomas Robert Malthus, 1766-1834.

No final do século XIX, Jevons,[12] e na primeira década do século XX, Pinchot,[13] levantaram a questão da redução da disponibilidade de recursos, particularmente os recursos minerais, discutindo as conseqüências da exaustão destes materiais para a economia. Com o acúmulo histórico da degradação das fontes ambientais de recursos compreendeu-se que a escassez não era apenas um exercício teórico, mas estava se transformando em realidade, e a preocupação com o valor do meio ambiente foi lentamente inserida na teoria econômica.

Assim, nos anos mais recentes, problemas como a redução da disponibilidade natural de recursos e a poluição passaram a gerar custos que começaram a indicar que, embora de livre acesso, os recursos e serviços ambientais não são de forma alguma gratuitos, impondo gastos para sua reposição ou pela sua degradação. A busca por compensações pelos danos da poluição e o custos produtivos da redução de recursos disponíveis, passou a transformar a degradação do meio ambiente em algo prejudicial economicamente. A preocupação com o valor do meio ambiente, e os custos de sua degradação, tomou corpo e metodologias para determinar estes valores começaram a ser pesquisadas e desenvolvidas.

---

[12] William Stanley Jevons, 1835 - 1882.

[13] Gifford Pinchot, 1865-1946.

A economia da escassez e a economia da poluição

Na introdução deste capítulo foi apresentado o posicionamento de Mill sobre a capacidade da tecnologia em suprir nossas necessidades, independente dos recursos naturais. Este papel da tecnologia para os neoclássicos é fundamental para a solução do problema de degradação dos recursos ambientais, pois, segundo eles, a tecnologia pode perfeitos desenvolver substitutos para o capital natural na medida em que este é utilizado e exaurido.

Desta visão deriva-se o conceito de sustentabilidade fraca, segundo o qual o uso de determinado capital natural pode ser feito indefinidamente sendo tecnologicamente possível que o mesmo seja substituído por outros capitais e, eventualmente, pelo capital artificial. Esse é o pressuposto da substituição e este entendimento do problema da escassez se tornou o embasamento de algumas técnicas de valoração, que serão apresentadas mais adiante.

Embora a substituição seja uma posição forte dentro da teoria neoclássica existem autores que sustentam que o capital natural deveria ser visto como complementar as necessidades humanas e não substituível pelo capital e trabalho humano, enquanto outros discutem que mesmo sendo possível a substituição do capital natural pelo artificial, isto somente pode ser realizado de modo muito limitado em situações específicas.

Além do problema da escassez, tem-se o problema da poluição, a qual é uma consequência da necessidade do processo produtivo em dar vazão a seus subprodutos. Ao lançá-los no meio ambiente in natura, passa a poluí-lo e degradá-lo, causando danos à fauna e flora, e também ao ambiente físico, resultando como consequência da degradação ambiental os efeitos às pessoas que também se utilizam daquele ambiente e são, portanto, afetadas pela poluição, tendo suas atividades prejudicadas.

Dentro da perspectiva econômica dizemos que o poluidor está obtendo uma maximização de seu processo produtivo, ao evitar os custos de tratamento das emissões, enquanto as pessoas afetadas estão sendo prejudicadas por não poderem exercer as atividades que lhes são necessárias ou tem sua satisfação no uso de um bem, como a apreciação da paisagem, reduzido, violando assim a Eficiência de Pareto. O poluidor pode então alocar para si uma parcela do recurso ambiental, que deveria estar disponível para o uso de outros, criando uma falha de mercado ao não permitir a alocação ótima do meio ambiente entre todas as partes envolvidas.

Para lidar com esta ineficiência na alocação e uso do meio ambiente, os conceitos de externalidade e poluição ótima permitem que a economia tente corrigir a falha de mercado gerada permitindo o uso do meio ambiente dentro dos pressupostos da Eficiência de Pareto.

Externalidades

As externalidades referem-se aos custos que as pessoas afetadas incorrem devido à poluição. Uma vez que estes custos não afetam o poluidor, eles são considerados externos ao processo econômico gerador do prejuízo. Quando estes custos podem ser quantificados e compensados pelo poluidor, eles são internalizados nos custos produtivos. A internalização corrige o desequilíbrio do mercado, pois os novos custos impostos ao poluidor fazem com que ele busque alternativas produtivas não poluentes para evitá-los, restaurando o equilíbrio no uso do meio ambiente por todos os envolvidos. Economicamente a externalidade consequentemente somente ocorre se alguém causar a perda de bem-estar de outrem e se esta perda não for compensada.

A internalização das externalidades gera um aumento de custo para o poluidor que afeta seus custos de produção podendo reduzir a competitividade econômica de seu produto no mercado, como consequência a internalização absoluta do todas as externalidades não é viável economicamente. Para tentar contornar este problema a teoria econômica utiliza o conceito de poluição ótima o qual assume existir um nível ótimo de operação econômica que permite maximizar o processo produtivo dentro de um limite mínimo aceitável de externalidade. A poluição ótima assume que é possível trabalhar com níveis de poluição ambiental aceitáveis, considerando-se um equilíbrio entre os rendimentos do processo produtivo versus os custos de controle da poluição.

O funcionamento do conceito de poluição ótima está representado na Figura 1, a qual mostra a relação entre os benefícios do processo produtivo (rendimentos) versus as externalidades (custos externos) geradas. Conforme a atividade econômica cresce, os custos externos aumentam, reduzindo os benefícios obtidos com o crescimento da atividade. Quando os rendimentos se igualam aos custos externos, atinge-se o nível ótimo de atividade econômica, além do qual os custos passariam a depreciar os lucros obtidos. No ponto Y tem-se o ponto ideal de atividade econômica, onde as externalidades são internalizadas de modo ótimo, tendo seu custo refletido no processo de formação de preço. Uma vez que o aumento dos custos externos implica um aumento nos preços de seus produtos, o consumidor pode, por sua vez, optar por produtos mais adequados ao seu orçamento, visando maximizar seu bem-estar. Conseqüentemente os benefícios do poluidor são reduzidos, obrigando-o a adotar medidas que visem reduzir os custos externos para manter seus preços competitivos. Deste modo, portanto, todos podem maximizar e otimizar seu uso dos recursos ambientais sem gerar prejuízos a terceiros.

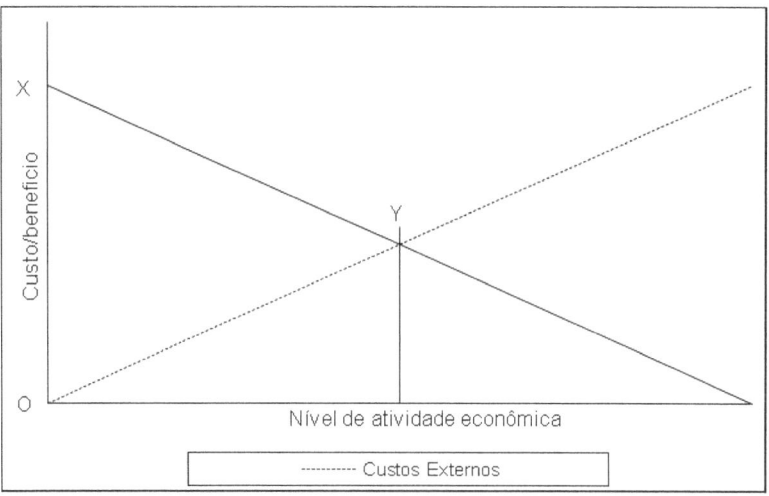

Figura 1: Poluição ótima. Relação entre benefícios e externalidades. (modificado de PEARCE, 1990)

O conceito de poluição necessita que o equilíbrio entre a poluição e os custos externos sejam verificados no presente para que as necessárias atitudes possam ser adotadas.

Mas os danos ambientais podem se tornar evidentes apenas muitos anos depois do impacto original, ou resultando de impactos acumulativos, como o dano à camada de ozônio. Consequentemente, a abordagem da economia desconsidera que os danos possam ser imprevistos ou irreversíveis, falhando ao perceber que os efeitos das externalidades são mais amplos que o previsto.

Dentre as formas de internalizar os custos ambientais ao processo produtivo, Pigou,[14] já em 1920, propôs o uso de taxas que permitissem a internalização dos custos externos, incentivando as empresas a manter baixos níveis de poluição. Com base nessa proposição originou-se um forte conjunto de instrumentos econômicos para regular o setor produtivo e proteger o meio ambiente, constituído de taxas e licenças que são uma política de comando e controle do Estado sobre o mercado[15].

O problema da abordagem de Pigou é a necessidade da existência de um organismo externo ao mercado apto a aplicar os instrumentos econômicos de regulação, contrariando o ideal neoclássico de um mercado auto-regulado.

Buscando contornar este problema Coase,[16] em 1960, pressupôs que acordos entre o poluidor e o atingido pela poluição permitiriam que o problema das externalidades fosse solucionado. Para ele a externalidade representa um prejuízo para quem é afetado e sua internalização um prejuízo para o poluidor. Os mecanismos de regulação do Estado não seriam, portanto, os mais adequados para a normalização do bem-estar da sociedade como um todo.[17]

---

[14] Arthur Pigou, 1877-1959.

[15] Para mais detalhes vide Apêndice B.

Coase considera que a solução do problema das externalidades reside em definir se as pessoas estão sujeitas ou não aos impactos. Em caso positivo, um acordo entre as partes seria a melhor solução. Em outras palavras, aquele entre o poluidor e o afetado que tivesse direitos de propriedade sobre o bem impactado estaria apto a solicitar a compensação pelos danos sofridos. O problema em sua proposta é a necessidade de definição de direitos de propriedade.[18]

Para a economia neoclássica a existência de direitos de propriedade é fundamental para que o mercado possa operar corretamente, permitindo que um determinado bem possa ser transferido entre seus agentes. É importante que bens sujeitos aos direitos de propriedade sejam exclusivos e rivais. A exclusão determina que é possível definir quem se beneficia do recurso em dado momento e a rivalidade que o uso, ou acesso, ao recurso é afetado pelo número de pessoas interessadas nele.

---

[16] Ronald H. Coase, 1910-.

[17] Nota-se que este posicionamento vai ao encontro do ideal neoclássico de que a operação ótima do mercado ocorre quando não há intervenção externa.

[18] Economicamente, por propriedade entende-se algo com existência física que pode ser objeto de posse de alguém. Por direito, a relação que esse alguém tem com outras pessoas sobre o referido objeto, sendo este conceito funcional apenas na existência de alguma autoridade superior que garanta os interesses do portador dos direitos.

Uma vez que o meio ambiente é um bem de acesso livre, não pode ser transferido, pois não é passível de ser objeto de posse e não é exclusivo e não apresenta rivalidade pois todos podem se beneficiar de seu uso simultaneamente. Conseqüentemente, os direitos de propriedade, cujas diferentes classificações estão apresentadas na Tabela 1, não se aplicam, de sorte que o meio ambiente não pode ser adequadamente enquadrado em um mercado. Isto torna obscura a definição de responsabilidades sobre o ambiente e gera dificuldades para se trabalhar com o problema da poluição.

O dano ambiental e o ambiente natural se colocam, portanto, como externalidades que somente parcialmente podem ser internalizadas via instrumentos econômicos reguladores ou pela definição de direitos de propriedade. Para trabalhar com a internalização das externalidades, a teoria econômica apresenta a economia do meio ambiente, que se propõe a solucionar, dentro do arcabouço teórico neoclássico, os problemas decorrentes da interação entre os sistemas econômicos e naturais. Baseada na economia do bem-estar, ela adota os pressupostos neoclássicos orientados para o mercado, a livre concorrência, o indivíduo e a propriedade privada, buscando a melhor maneira de aperfeiçoar a alocação de recursos naturais no sistema econômico, visando permitir que este se mantenha funcional ao longo do tempo.

Tabela 1: Classificação dos diferentes tipos de propriedade.

Tipo de Propriedade	Proprietário	Exemplo	Acesso	Exploração	Gerenciamento	Exclusão
Privada	Particular	Fazenda	Controlado	Pelo proprietário	Pelo proprietário	Pelo proprietário
Comum	Grupo	Cooperativa	Controlado	Pelos associados	Pelos associados	Pelos associados
Publica	Estado	Parque Nacional	Controlado	Não há	Pelo Estado	Pelo Estado
Livre acesso	Ninguém (ou todos)	Pesca oceânica	Livre	Livre	Não há	Não há

Modificado de GUERIN, 2003.

A economia do meio ambiente tenta valorar os recursos e serviços ambientais não presentes no mercado e a valoração econômica busca proporcionar uma forma de internalização das externalidades sem necessitar dos mecanismos de regulação externa ou de definição de direitos de propriedade, definindo valores a recursos e serviços ambientais e eliminando a falha de mercado. Ressalta-se que a valoração feita pela economia do meio ambiente se fundamenta nos pressupostos neoclássicos, objetivando apenas equilibrar o funcionamento do mercado.

Adotando um posicionamento oposto ao da economia do meio ambiente, a economia ecológica busca compreender o meio ambiente e sua inter-relação com o sistema econômico de uma forma holística e livre dos paradigmas da economia neoclássica.

A Economia Ecológica

A economia ecológica adota uma linha de estudo visando compreender as relações entre os sistemas naturais e econômicos de uma maneira ampla e transdisciplinar, através da síntese e integração das perspectivas de diferentes disciplinas. Se, por um lado, a economia do meio ambiente busca unificar na teoria neoclássica o meio ambiente e a economia, a economia ecológica busca na integração de várias ciências a base para compreender a relação entre esses sistemas. Mais que buscar uma abordagem econômica, ela está preocupada com políticas de desenvolvimento que preservem a inter-relação entre o homem e a natureza, onde o meio ambiente e a economia estão profundamente integrados, evoluindo conjuntamente e de forma interdependente.

Enquanto a economia neoclássica busca entender como o meio ambiente pode ser utilizado para maximizar o bem-estar, ignorando as conseqüências futuras, a economia ecológica assume que a sociedade é dependente do meio ambiente para sua sobrevivência, co-evoluindo e se co-adaptando como meio natural. As conseqüências futuras das ações do homem hoje são consideradas de relevante importância e atribuindo-lhe o papel não de usuário, mas de administrador do meio ambiente. Cabe à sociedade gerenciar o meio ambiente da forma mais adequada possível, preocupando-se em como o bem-estar humano pode ser atingido sem prejudicar os sistemas naturais.

A linha mestra da economia ecológica é a busca pela sustentabilidade entre as atividades econômicas e o meio ambiente. Ao contrario da sustentabilidade fraca da economia neoclássica, aqui se adota o conceito da sustentabilidade forte, para a qual o capital artificial não é substituto do capital natural, mas um complemento deste, não podendo ter existência independente. A sustentabilidade forte favorece um estilo de vida mais atento à dependência que a humanidade tem do mundo natural, cuja preservação é fundamental para a manutenção das atividades econômicas. Nela, a situação ideal de interação homem / natureza é aquela na qual o meio ambiente possa se manter, permitindo que o homem possa continuar a usá-lo indefinidamente.

A sustentabilidade entre os sistemas naturais e econômicos pode ser atingida se a exploração dos recursos naturais renováveis for inferior a sua capacidade de regeneração e o aporte de rejeitos no meio ambiente estiver de acordo com a capacidade deste em absorvê-los, demandando, assim, um abrangente e profundo conhecimento do funcionamento do meio ambiente, incluindo as atividades econômicas.

Por ter uma abordagem interdisciplinar, a economia ecológica sabe que este conhecimento atualmente é incompleto e que, ao contrário da economia neoclássica, esta incompreensão quanto ao funcionamento dos ecossistemas e suas inter-relações com o sistema econômico não pode ser ignorada.

Como resultado, a incerteza sobre as conseqüências das ações humanas sobre a natureza e a segurança que os danos ambientais podem ser irreversíveis,[19] são preocupações constantes que incorporam à linha de trabalho da economia ecológica o principio da precaução. Este princípio define que todas as medidas de antecipação e prevenção de possíveis danos devem ser adotadas para que se possam reduzir os possíveis impactos ambientais e sociais futuros das atividades atuais. O principio da precaução, para a economia ecológica, é parte fundamental da busca por soluções que sejam sustentáveis em longo prazo.

A integração sustentável dos sistemas naturais e econômicos requer, portanto, o conhecimento da capacidade suporte de ambos, para evitar que o delicado equilíbrio existente em seu funcionamento e na relação entre eles seja afetado.

A capacidade suporte pode ser definida como a capacidade que um ecossistema tem de se manter, permitindo o desenvolvimento ótimo de suas espécies. Do ponto de vista energético, ela é uma função de relação de entrada / saída de energia,[20] sendo máxima quando esta relação se equilibra, situação em que qualquer entrada ou saída extra de energia causa seu acúmulo no ambiente, prejudicando seu funcionamento com consequências incertas.

Os sistemas naturais, entretanto, funcionam abaixo de sua capacidade de suporte máxima, pois seu equilíbrio não é absolutamente estático ou estável, uma vez que naturalmente os fluxos de entrada e saída de energia não são fixos mas variam ao longo do tempo. Desse modo o estado de equilíbrio de um ecossistema é um estado dinâmico oscilando em torno de uma situação ótima, mantendo-se em capacidade suporte ótima em torno de 50% da capacidade máxima. Howard T. Odum,[21] além de considerar a energia como base do funcionamento dos ecossistemas, baseado no princípio da máxima potência de Lotka,[22] propôs que os sistemas mais aptos a maximizar o uso da energia irão prevalecer.

---

[19] Por exemplo: A extinção de espécies é um dano irreversível cujas conseqüências futuras são desconhecidas em face das complexas e mal compreendidas relações inter e intraespecíficas na natureza.

[20] Deve-se considerar que em um ecossistema a energia flui tanto na forma de energia pura (solar, por exemplo) do na forma de matéria (energia química de alimentos, por exemplo).

[21] Howard T. Odum, 1942-2002.

[22] Alfred James Lotka, 1880 – 1949. Propôs em 1922 que os sistemas auto-organizados evoluem no sentido de maximizar o uso de energia.

Um pressuposto que embora pareça similar ao da maximização da utilidade neoclássica, não se restringe a uma decisão consciente de um grupo de pessoas, mas ao funcionamento de todo o meio ambiente em si.

Neste contexto, Georgescu-Roegen[23] percebeu que a entropia é um fator limitante do desenvolvimento econômico. A entropia define que a transformação de energia é unidirecional e irreversível, convertendo energia concentrada de alta qualidade em energia dispersa de baixa qualidade.[24]

O sistema econômico age retirando energia de alta qualidade (baixa entropia) do meio natural, transformando-as e devolvendo na forma dispersa de rejeitos de alta entropia. Termodinamicamente, a quantidade de energia no sistema se mantém constante e, para a economia, a entrada e saída não apresentam um problema, pois ela trata o sistema econômico como algo à parte do meio natural. Georgescu-Roegen, entretanto, demonstrou que o problema é mais complexo.

Um sistema ecológico em equilíbrio atua de forma a manter os níveis de entropia em patamares mínimos, evitando, por exemplo, o acúmulo de resíduos pela decomposição, que permite sua reciclagem, o que também reduz a necessidade de aporte externo de energia e matéria no sistema. O consumo de recursos naturais afeta este equilíbrio.

---

[23] Nicholas Georgescu-Roegen, 1906-1994.

[24] Por exemplo: Um pedaço de carvão concentra grande quantidade de energia que pode ser utilizada na cocção de alimentos, mas depois de queimado, parte desta energia se encontra dispersa na forma de calor incapaz de ser utilizado produtivamente. Desse modo, quanto maior a entropia de um sistema, menor a capacidade deste converter energia em trabalho

Ao retirar energia e matéria do meio natural, os ecossistemas passam a apresentar um acumulo de matéria e energia derivada de seu funcionamento natural. Se mantido sem intervenção, a reciclagem eventualmente reduzirá este excedente natural a níveis que permitam ao ecossistema re-estabelecer seu equilíbrio. Entretanto, o sistema econômico continua a retirar matéria e energia em um ritmo superior a capacidade de adaptação do ecossistema. Além disto, os rejeitos produzidos são lançados novamente no meio natural, o qual passa a lidar com um volume crescente de resíduos a serem reciclados.

A conseqüência é o desvio de energia e matéria para o esforço de automanutenção do ecossistema. Como a quantidade de energia disponível é limitada e está sendo artificialmente convertida em entropia pela economia, os ecossistemas passam a acumular resíduos de baixa utilidade, resultando na degradação ambiental.

Como a economia necessita de recursos naturais para sua manutenção, com o aumento da entropia no meio ambiente, eventualmente os recursos a que ela tem acesso passam progressivamente a incorporar elementos que não podem ser economicamente aproveitados. Isto leva a economia a um ponto em que a entropia, em sua captação de recursos naturais, se torne tão alta que seu funcionamento passe a ser comprometido.

O posicionamento da economia neoclássica e da economia ecológica com base nessa abordagem é representado na Figura 2. Os neoclássicos entendem que o meio ambiente é o provedor de recursos e receptor de rejeitos, sem considerar que a retirada de um e o acúmulo do outro podem afetar o funcionamento da economia. Para a economia ecológica, a economia está integrada ao meio ambiente e a deposição de rejeitos representa um retorno negativo que afeta a capacidade da economia em captar recursos úteis para sua manutenção. Além disto, a economia é permeável a alterações ambientais, representado na figura pela caixa pontilhada (Figura 2B) e não um sistema independente e fechado como querem os neoclássicos.

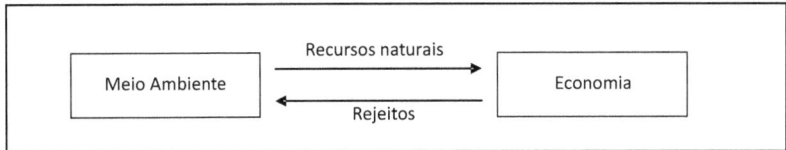

A

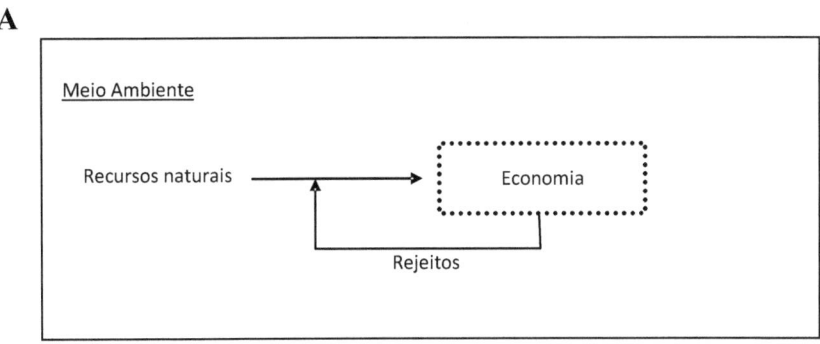

B

Figura 2: Relação entre a economia e o meio ambiente segundo a economia neoclássica (A) e a economia ecológica (B)

Um exemplo é a contaminação da água. Recentemente se tornou evidente a necessidade de um melhor gerenciamento dos recursos hídricos. A disponibilidade de água potável vem se reduzindo, passando a ser um sério problema para muitos países em regiões secas e pobres. As causas deste problema resumem-se ao uso indiscriminado do recurso e a sua contaminação. O homem vem captando a água do meio natural sem se preocupar em sua reposição e apesar dos ecossistemas terem a capacidade de reciclar e purificar a água, o volume de contaminante cresce em tal intensidade que ultrapassa a capacidade natural de reciclagem. O sistema econômico passa, assim, a necessitar de investimentos crescentes em tratamento de água para que ela possa ser aproveitada, o qual acarreta o desvio de investimentos em outras áreas sociais importantes.

Ao provocar um acúmulo de poluição ambiental, o sistema econômico está atingindo o ponto em que o recurso disponível estará por demais degradado para ser útil, apresentando custos de tratamento inviáveis economicamente. A conseqüência é a falta de água em muitos locais que não tem capacidade de tratá-la e a necessidade de cobrar por seu uso em países onde ela ainda está disponível. Esta ultima opção é um recurso econômico de taxação, visando controlar a poluição, resultando na redução no desperdício do recurso, o qual passa a ser usado de modo mais racional. É uma medida paliativa que visa reduzir o volume de água contaminada a ser lançada no ambiente e aumentar a quantidade de água disponível para captação, mas não elimina o desequilíbrio entre as necessidades do sistema econômico e a capacidade dos sistemas naturais em prover o recurso.

A possibilidade que os sistemas econômicos e ambientais sejam analisados sob a ótica da energia, decorre da abordagem aberta que a economia ecológica tem no estudo das relações entre ambos os sistemas, permitindo que uma visão holística seja adotada, sobretudo no processo de valoração econômica. Sob a ótica de valoração do meio ambiente, a economia ecológica considera que um adequado conhecimento das características sócio-econômicas e ambientais é necessário, sob o risco de se desconsiderar importantes variáveis que podem influenciar no resultado do estudo.

Tal conhecimento somente pode ser obtido através do trabalho de um grupo multidisciplinar que esteja voltado para o problema em questão e procure compilar o máximo de informações possíveis que ajudem no estudo em desenvolvimento. Além disso, antes de buscar obter um valor econômico para o meio ambiente, a economia ecológica se preocupa em fornecer subsídios para a adoção de políticas ambientais que venham a promover o uso sustentável do meio ambiente.

Contrariamente a esta posição, a economia do meio ambiente trata os sistemas naturais e sua relação com a economia de um modo fechado, considerando apenas as variáveis que podem afetar o desenvolvimento econômico. Baseada em uma abordagem de custo-benefício, preocupa-se apenas em determinar qual o uso economicamente mais vantajoso para uma área natural, trabalhando estritamente dentro da teoria neoclássica pela internalização na economia dos custos externos. As principais diferenças entre a economia do meio ambiente e a economia ecológica são apresentadas na Tabela 2.

Tabela 2: Principais diferenças entre a Economia do Meio Ambiente e a Economia Ecológica

	Economia do Meio Ambiente	Economia Ecológica
Abordagem geral	Mecanicista - o meio ambiente é apenas um anexo independente do sistema econômico	Sistêmica - o meio ambiente é um sistema complexo, no qual está integrado o sistema econômico
Abordagem tecnológica	Otimista - a tecnologia pode solucionar todos os problemas	Preventiva - a tecnologia não é a solução e pode gerar problemas ainda desconhecidos
Abordagem teórica	Monodisciplinar	Multidisciplinar
Objetivo	Maximizar a utilidade do uso dos sistemas ecológicos pelo sistema econômico	Promover o desenvolvimento econômico sustentável com o meio ambiente.
Escala temporal	Curto prazo	Longo prazo
Escala geográfica	Local e internacional	Local e global
Teoria do valor	Baseada na satisfação de necessidades pessoais	Não tem. Pode ser baseada na energia
Recursos naturais	Devem ser alocados no mercado do modo mais eficiente	Definem o potencial do desenvolvimento econômico.
Sustentabilidade	Busca a sustentabilidade dos recursos economicamente interessantes para manter o funcionamento da economia	Busca a sustentabilidade como forma de manter e melhorar a qualidade de vida das pessoas.
Valoração econômica	Pode ser realizada somente com base na teoria e no ferramental da economia	Necessita um amplo conhecimento transdisciplinar para poder ser feita adequadamente

Modificado de MOTA, 2001

Temos então que mesmo que ambas a economia do meio ambiente e a economia ecológica utilizem as técnicas neoclássicas de valoração econômica, elas o fazem com base em diferentes pressupostos. As técnicas de valoração disponíveis, seus usos e limitações são apresentados no próximo tópico.

Técnicas de Valoração

A partir da necessidade de se atribuir valores a bens e serviços ambientais a economia do meio ambiente desenvolveu o conceito de Valor Econômico Total (ou "Total Economic Value", TEV) do meio ambiente. O TEV é constituído de um conjunto menor de valores que abarcam as diferentes possibilidades de uso econômico que podem ser feitos do meio ambiente. Assim, o TEV se constitui em valor de uso e valor de não uso, os quais se subdividem de acordo com o esquema apresentado na Figura 3.

Valor de uso, o qual se subdivide em:

1. **Valor de uso direto** – é o valor obtido do uso direto do recurso, por exemplo, através dos dividendos dos usos recreativos, turísticos e pesqueiros da região costeira.

2. **Valor de uso indireto** – referente ao valor dos benefícios indiretos dos serviços prestados pelo ambiente, como a regulagem climática exercida pelos oceanos.

3. **Valor de opção** – são os valores anteriores quando se opta por não se obter determinado benefício ambiental no presente em face de possíveis benefícios que podem vir a ter importância no futuro, e que ainda são desconhecidos.

Valor de não-uso por sua vez é dividido em:

1. **Valor de existência** - valor que o ambiente tem apenas por existir, considerada a opção por não utilizá-lo economicamente. As pessoas podem optar por não utilizar determinado recurso, por exemplo uma floresta, apenas por se sentirem satisfeitas com a simples existência do ambiente, mesmo que nunca venham a fazer algum tipo de uso dele.

2. **O valor de herança** - Valor que pode ser classificado tanto como sendo de não uso ou de opção, pois se refere à opção que as pessoas têm de não fazer uso de um recurso, deixando-o para as gerações futuras. Os valores de não uso não são revelados através do mercado, se requer ou a criação de mercados hipotéticos (vide Apêndice C), ou a explicitação de preferências, para que possam ser valorados.

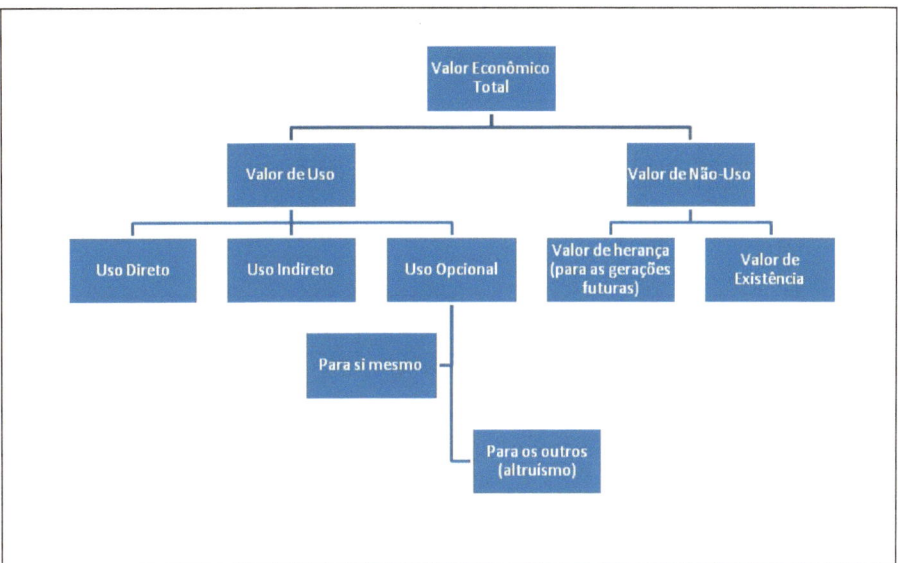

Figura 3: Componentes do Valor Econômico Total do meio ambiente

As técnicas de valoração permitem avaliar diferentes componentes do TEV, devendo-se observar quais deles se pretende valorar para que se possa escolher adequadamente a técnica a ser utilizada. A abordagem utilizada varia, podendo ser classificada de acordo com o apresentado na Tabela 3. O método indireto busca dados no mercado que reflitam o comportamento do consumidor e, portanto, suas preferências. Por sua vez o método direto é realizado através de entrevistas junto aos consumidores, visando expor objetivamente as preferências das pessoas. As outras técnicas não se aplicam nesta classificação por não se basearem diretamente no mercado e nas preferências para serem utilizadas.

Tabela 3: Classificação das técnicas de valoração da economia do meio ambiente.

Método de valoração	Técnica utilizada
Direto	Valoração Contingente
Indireto	Mudanças na Produtividade
	Custo de Doença / Perda de Rendimentos
	Análise Custo-Efetividade
	Gastos Preventivos
	Custos de Reposição
	Custos de Re-alocação
	Shadow Projects
	Métodos Hedônicos
	Custo de Viagem
Outras	Transferência de Benefícios
	Análise Emergética

Mudanças na Produtividade

As atividades econômicas podem gerar efeitos no meio ambiente que afetem a produtividade deste de diversas formas. A valoração utilizando-se de mudanças na produtividade, ou produtividade sacrificada, avalia tais efeitos em recursos ambientais que estejam representados no mercado como, por exemplo, os frutos do mar comercializados para consumo humano. Para sua aplicação devem ser considerados:

1. Os efeitos locais e também as externalidades do processo gerador do impacto pois apenas os efeitos diretos não refletem os custos ambientais da produtividade total perdida.

2. As conseqüências da não existência do impacto devem ser consideradas para que se possa estimar corretamente o nível do dano causado, ou evitado. Por exemplo, suponha-se que determinado projeto afetará negativamente a pesca em uma região. Deve-se considerar as conseqüências ao longo do tempo da não implantação do projeto para que se possam isolar outros atores que podem atuar sobre a atividade pesqueira. O pressuposto que haveria um aumento na produtividade, ou que este manteria os níveis existentes, não é correto, pois o manejo errado dos estoques pesqueiros por si só poderia causar a redução do recurso.

3. O período de tempo durante o qual a mudança gerada na produtividade ocorrerá deve ser estimado para não incorrer na superestimativa dos efeitos do impacto.

4. Informações sobre o período de duração da mudança de produtividade, bem como de possíveis alterações futuras na mesma, são também importantes na avaliação da extensão dos efeitos econômicos aferidos.

5. Os preços dos produtos ambientais afetados devem ser corretamente verificados no mercado.

É fundamental que se possa observar uma relação dose-resposta[25] entre o impacto e o dano causado e que dados confiáveis sobre ela possam ser obtidos. A falta destes impede uma correta estimativa para que se possam calcular os valores mais corretos. Os valores obtidos são então adicionados aos custos do projeto, ou do processo produtivo gerador do dano. Este custo total é então comparado com os custos dos processos alternativos, se houver, ou das possíveis ações preventivas.

Um exemplo de seu uso de forma indireta está na valoração de ecossistemas de manguezais. As áreas de manguezais fornecem muitos recursos que podem ser valorados com base em informações do mercado, tais como caranguejos, mariscos e artesanato em madeira. Quando ocorre uma contaminação, estes recursos, especialmente os dedicados ao consumo humano, ficam inacessíveis. Verificando-se a queda na produção (venda) destes produtos pode-se estimar o valor deste recurso fornecido gratuitamente pelo meio ambiente.

Uma forma mais direta de seu uso seria na valoração da qualidade da água para empreendimentos voltados para a aqüicultura. A poluição aquática afetaria diretamente a produtividade de uma fazenda de mexilhões, por exemplo, causando a perda da produção. O valor da produção perdida seria contabilizado como sendo o valor da água quando não contaminada por poluentes.

Vantagens: Assim como as outras técnicas indiretas de valoração, a avaliação de mudanças de produtividade pode ser feita diretamente no mercado, verificando-se o comportamento deste e dos consumidores em face de alterações da qualidade ambiental

---

[25] A relação dose-resposta baseia-se no pressuposto da poluição, assume que para cada dose de poluente adicionado ao meio ambiente haverá uma resposta diretamente proporcional.

Desvantagens: A maioria dos recursos e serviços ambientais não pode ser inserida diretamente no mercado e portanto serem verificados por alterações na produtividade de determinadas atividades humanas, pois esta relação é usualmente indireta. Usando-se novamente o exemplo dos manguezais, estes exercem importante papel como exportadores de matéria orgânica que irá permitir o desenvolvimento de inúmeras espécies, atuando como um berçário natural. Muitas destas espécies possuem um valor comercial, como os caranguejos, o qual pode ser aferido diretamente. Entretanto, grande parte delas, como peixes e camarões, somente será capturada quando adultas em regiões distantes do mangue onde se desenvolveram. A relação entre a redução na atividade comercial (pesca, por exemplo) e espécies que possuem representantes nos mangues afetados são de difícil realização, dificultando a determinação do real valor de mercado da produtividade do manguezal.

Custo de Doença / Perda de Rendimentos

Usualmente utilizada para se verificar os custos da poluição, o custo de doença / perda de rendimentos avalia os efeitos sociais das mudanças na capacidade de trabalho. Estas mudanças são verificadas pela mudança na produtividade relacionada a efeitos sobre sua saúde. A contabilização dos efeitos gerados por determinado projeto na saúde da população (incluindo redução de ganhos, gastos médicos e com medicamentos e demais gastos gerados por doenças), necessita de uma clara relação de causa-efeito entre a poluição gerada e as conseqüências na saúde e de uma correta estimativa dos rendimentos perdidos e os correspondentes gastos com o tratamento das pessoas afetadas.

A perda de rendimentos pode ser utilizada na avaliação do valor dos ganhos que uma pessoa deixa de obter devido a problemas de saúde causados pelas condições de trabalho. Considere uma pessoa que sofre um acidente de trabalho ou sofre os efeitos de um ambiente de trabalho prejudicial à sua saúde, ficando, portanto incapacitado de continuar exercendo sua atividade produtiva ou mesmo em caso de morte. O custo da doença seria calculado como o valor corrigido dos rendimentos que essa pessoa deixou de ganhar, ou deixará de ganhar, ao longo do período em que poderia continuar naquela atividade, se não afetada pela doença. No caso da morte do indivíduo, a perda de rendimentos é extrapolada para o período em que a pessoa seria economicamente ativa na função executada, verificando-se, em valores presentes, os ganhos que ela teria durante sua vida.

Seu uso no estudo dos efeitos da poluição deve considerar as concentrações dos vários poluentes no ambiente e na população em diferentes faixas etárias, verificando-se a ocorrência de aumento na incidência de doenças e estimar os custos de tratamento e perda de rendimentos. Alternativamente, melhorias na saúde da população também são verificadas por esta técnica, caso em que ocorreria uma melhoria na produtividade. Um exemplo disto é implantação de sistemas e tratamento de água e esgoto, resultando em uma melhoria da qualidade de vida das pessoas e na redução das possibilidades de contração de doenças.

Vantagens: Na existência de uma clara relação dose-resposta é possível determinarem-se os efeitos na saúde da população pela perda, ou melhoria, da qualidade ambiental e buscar no mercado valores que possam ser utilizados na valoração.

Desvantagens: Diversos fatores devem ser considerados, como a renda e nível educacional, os quais afetam o estado geral da saúde da população. Os custos aferidos são considerados como os valores mínimos do benefício decorrente da prevenção do dano, pois não consideram as iniciativas pessoais para evitar ou tratar a doença. Além disso, as variáveis não mercantilizáveis (desconforto, dor, preocupação de terceiros com o afetado, entre outros) são excluídas nesta abordagem. É necessário, ainda, que a poluição cause danos à saúde das pessoas para que seu uso se justifique.

A estimativa do valor da vida de uma pessoa, pela perda de rendimentos, é questionável pois seu uso direto implica que os mais pobres valem menos, os desempregados ou aposentados tem um valor zero, por não terem um rendimento, e as possibilidades de promoções, mudanças de carreira e outras melhorias nos rendimentos são ignoradas.

Análise de custo-efetividade

Ao contrario das outras técnicas de valoração, o estudo de custo-efetividade não tenta determinar o valor dos benefícios envolvidos, mas apenas os custos da melhor maneira de se atingir um determinado objetivo, sendo utilizado quando não se dispõe de informações sobre, ou não é necessário avaliar, as conseqüências entre as alternativas de usos do meio ambiente e o bem-estar das pessoas afetadas pela opção escolhida.

Neste caso define-se um objetivo a ser atingido, por exemplo, a proteção de determinado ambiente, nível de extração de madeira, controle de erosão ou a reabilitação de áreas costeiras, procedendo-se à análise das diferentes formas para se atingir esta meta do modo economicamente mais eficiente, que combine os menores gastos com o máximo retorno possível do investimento.

A comparação entre estas alternativas definirá a mais adequada para a situação em questão, que será aquela com o menor custo em relação aos benefícios obtidos. Esta abordagem facilita o processo de tomada de decisão ajudando a eliminar aquelas alternativas hipotéticas que sejam mais dispendiosas que possibilidades mais reais, permitindo que se defina um limite de custo a que se pretende chegar.

A escolha das alternativas para se atingir o objetivo desejado deve ser cuidadosa e abrangente, garantindo-se que a escolha recairá sobre a opção mais adequada. Por outro lado, deve ser levado em consideração também que para cada alternativa proposta podem existir diferentes conseqüências sobre o meio ambiente, que devem se avaliadas no processo de decisão.

Em seu uso, o estudo de como o mesmo problema, ou similar, foi tratado em outras localidades e quais soluções foram utilizadas, pode ser útil para se ampliar a gama de escolhas disponíveis. Os possíveis danos ambientais e à saúde devem ser cuidadosamente determinados, assim como eventuais medidas que possam ser tomadas para minimizar estes efeitos.

Como o projeto mais adequado pode não ser financeiramente o mais interessante a opção pela sua não implantação, ou de nenhum outro projeto, deve se manter sempre disponível, devendo ser sempre realizado paralelamente um estudo de custo-benefício. Um exemplo de seu uso são as comparações dentre as alternativas para se tratar uma doença, sendo de uso corrente no setor de planos de saúde, onde a alocação de recursos para o tratamento deve ser feita com base em um orçamento definido.

Vantagens: A análise de custo-efetividade permite que se ajude a comunidade a definir o quanto ela está disposta a pagar, ou receber, pela realização do objetivo pretendido. Muitas vezes essa definição não existe, e então a apresentação dos valores das diferentes alternativas pode fornecer uma base para a determinação do valor que as pessoas atribuem ao ambiente estudado.

Desvantagens: Sua maior desvantagem é não permitir que se verifique economicamente o benefício resultante da linha de ação escolhida, ou da meta a ser atingida.

Gastos Preventivos

Esta abordagem assume que as pessoas e instituições, públicas ou privadas, estão dispostas assumir custos visando evitar ou reduzir a ocorrência de danos ambientais, indicando que para elas os benefícios com a preservação do meio ambiente superam os custos envolvidos. Utilizando os valores obtidos, a técnica determina diretamente quanta importância as pessoas atribuem aos benefícios da preservação do meio ambiente, permitindo que seus gastos nesta linha de ação atuem como substitutos na valoração da preservação, a qual é de difícil monetarização.

Na sua realização são necessários dados precisos sobre os gastos gerados pela prevenção ou mitigação, e tais gastos não podem trazer outros benefícios secundários além do avaliado, caso em que seus valores seriam modificados. Embora seu uso seja relativamente fácil e possa fornecer informações importantes para a tomada de decisão, a renda das pessoas afetadas, especialmente em países pobres, é uma grande restrição à sua aplicação de modo eficiente, podendo sobrepor-se a necessidade de preservação ambiental.

Vantagens: Os dados necessários para sua realização podem ser obtidos diretamente junto aos atores envolvidos no processo de prevenção.

Desvantagens: Sua maior desvantagem é o fornecimento apenas do valor mínimo estimado para o recurso avaliado, devido a limitações orçamentárias e a disposição da empresa em investir na prevenção apenas se sua estimativa dos benefícios obtidos for igual ou maior que os custos envolvidos, não investindo em algo que renda, mesmo subjetivamente, um valor inferior que o montante inicialmente utilizado. Outra desvantagem desta técnica decorre do fato que as pessoas podem procurar alternativas para evitar ou fugir do dano causado (mudando para outro local, por exemplo) mas que não evitem a ocorrência do dano ambiental.

Custos de Reposição

Baseada na suposição que os custos para reparar bens de produção afetados por determinado projeto podem ser medidos, o custo de reposição tenta avaliar os custos associados com a restauração do ambiente danificado para seu estado original, não fornecendo uma estimativa direta dos benefícios da preservação do ambiente, podendo ser considerada apenas como uma forma de contabilidade dos custos envolvidos em sua preservação ou recuperação.

Sua aplicação demanda que a magnitude dos danos possa ser medida, que os custos de reparação não sejam maiores que o valor dos recursos destruídos para que a reposição seja economicamente eficiente, que não existam outros benefícios secundários na reparação e a inclusão de todos os custos e fatores envolvidos na reposição. Quando utilizada em paralelo com os gastos preventivos ela permite que se faça uma análise dos custos envolvidos com a prevenção. Por outro lado, seu uso conjunto com a técnica da mudança na produtividade fornece informações sobre as possíveis vantagens econômicas que podem advir da restauração do ambiente.

Um exemplo de seu uso é o custo para se reconstituir praias afetadas por obras de engenharia. Empreendimentos costeiros mal planejados podem alterar a circulação de areia que alimenta as praias. Como conseqüência ocorre uma redução no volume de areia de alguns locais, a qual pode vir a acumular-se em outras praias ou formar bancos de areia que podem prejudicas a navegação. Neste caso, o custo de reposição da areia perdida representa o valor do bem, a praia, afetado. Entretanto a restauração da fauna da praia é realizada naturalmente, não sendo contabilizada nos custo de reposição.

Vantagens: do mesmo modo que a técnica de gastos preventivos, os gastos com a recomposição do meio ambiente podem ser obtidos diretamente com o envolvidos no processo, alem de refletirem a importância atribuída ao ambiente que sofreu a degradação.

Desvantagens: Esta técnica é indicada para danos agudos, não servindo para a valoração de danos que ocorrem gradualmente, pressupondo que neste caso os gastos com prevenção eventualmente evitariam a total destruição do ambiente. Nota-se que a restauração do meio ambiente não implica a recuperação de todas as suas funções e serviços, que podem se perder permanentemente. Deste modo seu uso em situações de danos irreversíveis apenas indicará o valor mínimo do ambiente valorado. Além disso, os eventuais danos causados no impacto avaliado e a restauração do ambiente não são contabilizados.

Custos de Re-alocação

A técnica de custo de re-alocação considera que os benefícios em se preservar a qualidade ambiental podem ser comparáveis ao custo de re-alocação física do empreendimento responsável pela alteração ambiental. Nada mais que uma análise de custo-benefício, ela compara os custo envolvidos na mudança de um determinado empreendimento para outro local versus os custos do dano ambiental a ser causado pela instalação na região originalmente prevista.

A implantação de uma fábrica que gere efluentes líquidos a serem despejados em um rio é um bom caso de estudo para esta técnica. Considerando-se a existência de comunidades que se utilizem desse mesmo rio, como uma cidade, os custos de se mudar a fábrica para uma localização rio abaixo, que não cause a contaminação da água usada na cidade, equivaleriam aos benefícios de não se ter à água poluída, benefícios estimados pelos custos de tratamento da água antes de seu uso pelas comunidades afetadas.

Outro exemplo envolve a re-alocação dos afetados e não do empreendimento. Na construção da hidrelétrica de Yacyreta, entre a Argentina e o Paraguai, se observou que uma redução em 7 metros no nível de água do lago a ser formado, reduziria o número de pessoas a serem removidas da região a ser alagada de 41.000 para apenas 7.000, mas a geração de eletricidade seria reduzida pela metade. Quando comparados os custos de re-alocação de todas as 41.000 pessoas a serem afetas pela operação da hidrelétrica em seu nível máximo, versus os prejuízos da redução no fornecimento de eletricidade, determinou-se que os lucros obtidos com a produção de energia no nível máximo do lago justificariam os custos envolvidos na realocação das pessoas afetadas.

Vantagens: Assim como as outras técnicas de valoração indireta, o custo de re-alocação busca observar o comportamento real do mercado frente à possibilidade da ocorrência de um dano ambiental.

Desvantagens: O uso desta técnica não se justifica para a avaliação do custo de re-alocação gerador do impacto ambiental se este já estiver concluído e o exercício da técnica for apenas hipotético, uma vez que os benefícios a serem obtidos, ou preservados, com a re-alocação foram efetivamente, se não permanentemente, afetados com a implantação da fonte do impacto ambiental.

"Shadow Projects"

A *"Shadow Projects"* busca avaliar os benefícios na preservação de um determinado ambiente com base nos custos envolvidos em artificialmente reproduzir os bens e serviços por ele prestados, estimando os valores dos serviços ambientais ameaçados utilizando-se os custos do desenvolvimento de projetos poderiam substituir estes serviços.

Para que seu uso seja válido, é preciso que o ambiente, e os serviços prestados por ele, sejam de grande importância justificando o uso de substitutos que poderiam efetivamente fornecer os mesmos serviços que o ambiente original, caso seus custos não excedam o valor dos serviços perdidos. É necessário também que a alternativa artificial possa prover a mesma quantidade e qualidade dos bens e serviços fornecidos pelo meio ambiente e exista a necessidade da manutenção do nível original de bens e serviços.

No caso de um lago que poderia ser contaminado seria avaliado se o custo de se implantar um projeto que substituísse os possíveis serviços prestados pelo bem perdido. Nesta situação, ao considerarem-se serviços como a pesca, o lazer e o fornecimento de água, a construção de pesqueiros artificiais e poços poderiam ser considerados os *"shadow projects"* do recurso perdido. O custo total estimado para o lago seria constituído então do custo do substituto, ou substitutos, somado ao custo do projeto inicial gerador do dano.

Outro exemplo seria a poluição de uma praia, que implica a necessidade da busca por uma atividade substituta. Novamente, enquanto o acesso à praia é livre e gratuito, o substituto não o é, incorrendo em um custo para o usuário. Deve-se considerar, entretanto, que na natureza substitutos perfeitos dificilmente podem ser encontrados, sendo que os bens substitutos podem representar apenas parte do valor total perdido, seja através de métodos de substituição direta, ou reposição (praias por piscinas), de prevenção do dano (prevenção contra doenças hídricas) ou de controle do dano (controle da poluição).

Vantagens: Nos casos onde os *shadow projects* podem ser aplicados, é relativamente simples a obtenção dos valores, dos substitutos a serem utilizados, necessários para sua aplicação.

Desvantagens: Raramente é possível sua aplicação de modo realista. Sua aplicação pode ser feita de modo simplista, desconsiderando-se muitas variáveis ambientais que tornariam seu uso inviável. Por outro lado esta simplificação implica em valores altamente subestimados e que não representam os bens e recursos afetados como um todo, o que vai de encontro à proposição desta técnica.

Custo de Viagem

O custo de viagem objetiva avaliar a demanda por áreas naturais ou não, a partir da observação direta do comportamento dos usuários do local analisado, sendo usualmente aplicado na avaliação de valores relacionados à atividade de recreação. Assume que o custo para se visitar um determinado local (incluindo o deslocamento e os gastos envolvidos durante a visitação) podem ser considerados como o preço para a visitação fornecendo uma indicação da mínima disposição a pagar para usufruir o local analisado.

Seu uso presume que os visitantes podem ser agrupados de acordo com áreas de origem, tendo as mesmas preferências. Considera também que alterações no custo de viagem afetam diretamente a disposição das pessoas em assumir tais gastos, assumindo, portanto que moradores mais distantes tenderão a visitar menos o local, enquanto pessoas que vivem mais próximas irão com mais freqüência, por arcarem com custos menores.

A seqüência de aplicação é feita definindo-se o número de pessoas que visitam o local em estudo e com a aplicação de questionários em uma parcela que represente o total de visitantes. Em seguida, os visitantes são agrupados de acordo com seu local de origem e a relação entre a região de origem dos visitantes e do número de visitações é determina a taxa de visitação. O custo de viagem para cada local de origem é calculado e uma curva de demanda[26] é criada, permitindo estimar o valor recreacional da área em estudo.

Conseqüência direta do uso da distância no calculo do custo de viagem é a necessidade de se considerar o custo de oportunidade do tempo que as pessoas estão dispostas a aceitar para realizar a visitação. Mais que uma simples variável, o tempo define os locais a serem visitados, a duração da visita e quantas vezes ela será realizada, e deve ser considerado na elaboração da curva de demanda. Usualmente sua estimativa em termos do impacto na renda é feita assumindo-se que o tempo disponibilizado para a viagem representa um custo de oportunidade equivalente ao sacrifício de uma fração de sua renda, parcela que não seria perdida se a opção de ficar trabalhando fosse adotada.

Alguns cuidados que devem ser tomados em sua aplicação incluem uma correta avaliação do custo do tempo gasto com a visitação e os possíveis substitutos para o local visitado e para as atividades ali desenvolvidas e suas características.

---

[26] Relação entre custos de visitação e número de visitas. Vide Apêndice D.

Vantagens: Não é necessária a criação de mercados hipotéticos para a sua aplicação e o comportamento dos consumidores é observado diretamente.

Desvantagens: Sua aplicação pode ser complexa, demandando uma grande quantidade de dados, principalmente por basear-se em entrevistas que devem ser realizadas em quantidade suficiente para representar significativamente o número de visitantes do local estudado. Os dados obtidos devem ser extrapolados para representar as populações dos diferentes pontos de origem dos visitantes. A técnica somente permite a avaliação do presente, sendo preciso a execução de vários estudos de custo de viagem ao longo do tempo para verificar-se a variação do comportamento do consumidor em face de alterações ambientais no local visitado, particularmente quando se procura avaliar os efeitos de um acidente ambiental.

Métodos Hedônicos

Os métodos hedônicos tratam o valor de um determinado bem, do mercado imobiliário, como sendo derivado de um conjunto de características, entre as quais o meio ambiente é uma delas, que afetam a utilidade deste bem e, conseqüentemente, seu preço. Pressupondo que diferentes bens possuem diferentes atributos ambientais, assume-se que suas diferenças influenciam no valor da propriedade.

Seu pressuposto básico deve ser visto com cautela, pois o valor de uma propriedade depende de um número grande de variáveis, tais como amenidades ambientais, a infra-estrutura do imóvel (área construída, número de quartos, entre outros), a infra-estrutura da região (proximidade de escolas, mercados, local de trabalho, por exemplo) e o custo de vida influenciam a formação do preço imobiliário. Todos estes fatores interferem no processo de formação do preço de um imóvel devendo, na medida do possível, serem isolados.

Basicamente, essa técnica pode ser aplicada de duas maneiras. Uma forma consiste em definir um determinado fator ambiental, por exemplo, a poluição sonora, e comparar o valor das propriedades em áreas com alto nível de ruído com o de propriedades similares em regiões que não sofrem o mesmo problema. Este uso está sujeito a interferência de outras variáveis que irão dificultar a verificação da participação do meio ambiente na composição do preço da propriedade.

Outra forma de aplicação consiste em definir uma propriedade, ou um grupo de propriedades, e observar sucessivamente a variação de seu valor de revenda ao longo do tempo, verificando-se assim a influencia da variação da qualidade ambiental no valor dos imóveis. Embora esta forma de aplicação reduza a interferência de outras variáveis, pois elas são mantidas relativamente fixas, em escalas temporais prolongadas, seus efeitos podem se fazer presentes da oscilação do valor das propriedades.

A aplicação desta é portanto mais indicada em situações onde a variável ambiental exerce uma influencia significativa no mercado imobiliário. Isto pode ser facilmente observado em situações envolvendo a poluição aguda cujo incomodo constante pode ser suficiente para influir na venda das propriedades afetadas.

Vantagens: Permite que se conheça o comportamento real do mercado pela observação direta da variação de preços.

Desvantagens: A existência de diversos fatores afeta o uso desta técnica e devem ser conhecidos para que se possa estimar o valor do fator ambiental estudado e aplicar esta técnica. Seu potencial de uso na avaliação de impactos ambientais eventuais pode não ser significativo, uma vez que seus danos de curta duração não afetam intensamente o valor das propriedades afetadas.

Valoração Contingente

A valoração contingente é idealmente utilizada quando bens e serviços ambientais não podem ser alocados em um mercado real. Seu uso se baseia no levantamento direto, através de entrevistas, das preferências individuais relativas ao bem que se deseja valorar, criando um mercado hipotético que permita atribuir valores a elementos naturais.

Sua forma principal de utilização é a avaliação da disposição das pessoas em pagar (WTP, *Willingness to Pay* – disposição a pagar) pela preservação de determinado bem ou serviço ambiental, ou em receber (WTA, *Willingness to Accept* – disposição a aceitar) pela perda deste bem. A avaliação é feita com a realização de entrevistas diretamente com as pessoas cuja opinião se deseja conhecer de forma similar às pesquisas de mercado existentes.

Os resultados obtidos pela valoração sofrem influencia do recurso a ser valorado; do método de valoração escolhido (WTP ou WTA); de como será feito o pagamento se a opção for WTP (impostos, tarifas, doação, cobrança direta, entre outros) ou a compensação se usando WTA (subsídios, compensações diretas, novas obras públicas, etc..); do tamanho da amostra; da elaboração do questionário; das informações apresentadas ao entrevistado e da forma de aplicação do questionário (vide Tabela 4).

Tabela 4: Tipos de questionário para valoração contingente.

Tipo de Questionário	Aplicação
Bidding games	Fornecendo um valor determinado e questionando se o entrevistado acha a quantia adequada ou satisfatória.
Lances livre	Perguntando diretamente qual a quantia o entrevistado está disposto a pagar ou receber
Opções de pagamento	Fornece valores em seqüência progressiva, se o primeiro valor for aceito ou regressiva se rejeitado, até se chegar ao valor adequado para o entrevistado.
Referendo	Fornecer um valor fixo e questionar o entrevistado se o valor é aceitável ou não. A quantia apresentada é variada durante a amostragem para se definir qual seria mais aceita (LOOMIS et al., 2000);
Referendo acompanhado	Similar a anterior, mas onde se pergunta se, caso aceite o valor apresentado, o entrevistado aceitaria uma determinada quantia maior que indicada originalmente.

Um exemplo clássico do uso da valoração contingente foi o uso da WTP para se levantar os valores de não uso afetados pelo derrame do Exxon Valdez, ocorrido no Alasca, em 1989, e que representa até hoje um dos maiores derrames ocorridos em águas norte-americanas. Carregado com 200.000 m³, após uma colisão com o fundo liberou 41.000 m³ na costa do Alasca. Neste caso, foram realizadas entrevistas em 1.043 residências, e os resultados obtidos extrapolados para um universo de 90.838.000 residências, correspondentes à população dos EUA. O questionário buscava verificar o quanto à população estava disposta a pagar, em aumento no preço do petróleo, para evitar a ocorrência de novos acidentes. Como resultado chegou se a valores de WTP estimados médios de US$ 8.6 bilhões.

A discussão decorrente deste estudo levantou questões e dúvidas sobre a eficiência da técnica utilizada, entre elas: a) o problema da renda, pois, se a valoração fosse realizada em um país com uma renda per capita inferior, os resultados poderiam ser afetados; b) não se realizou um estudo de WTA para se comparar os resultados; c) o público foi submetido a uma maciça cobertura do acidente e a quantidade e qualidade de informação disponível pode ter influenciado nos resultado; d) dentre os dois valores obtidos fica a dúvida entre qual deles seria mais representativo.

Vantagens: É a única técnica de valoração que permite a obtenção de valores referentes a bens intangíveis e outros bens que não estejam representados por um mercado. Além disto, é a única que torna possível a obtenção do valor de existência do bem estudado.

Desvantagens: Esta técnica sofre por muitas críticas decorrentes de falhas devido a sua concepção. A necessidade de informação sobre o ambiente por parte do entrevistado é uma das limitações desta técnica. Dependendo da visão que a pessoa tenha do problema, os valores indicados podem não refletir a real disposição da pessoa a pagar / receber pelo dano ambiental ocorrido. Por outro lado, o fornecimento de informações, e de valores, pelo entrevistador pode induzir respostas tendenciosas ou pouco confiáveis, podendo mesmo direcionar o resultado da pesquisa.

Outros problemas decorrem das discrepâncias de resultados observados entre a WTP e a WTA, pois as pessoas tendem a optar por maiores valores se a alternativa for receber, ao invés de pagar ou ainda por sofrerem influência de limites orçamentários no momento de indicarem valores.

A transferência de benefícios

A transferência de benefícios é basicamente a transferência de dados pré-existentes de valoração de recursos para um novo estudo visando otimizar a relação custo-eficácia do desenvolvimento do estudo. Ela não é, portanto uma técnica de valoração, mas uma alternativa a elas, se baseando em seus resultados para valorar recursos ou serviços.

Sua aplicação decorre em três etapas. Na primeira deve-se descrever o objeto de estudo, determinando todas as suas características que possam ser relevantes a um estudo de valoração. Em seguida analisam-se os estudos similares já realizados e disponíveis, verificando-se o potencial que estes têm para fornecer dados ao estudo a ser realizado. Finalmente, com base em um adequado conhecimento do problema obtido nas etapas anteriores, a transferência é realizada.

A transferência pode ser feita de dois modos. Na transferência direta de benefícios os resultados de um estudo são aplicados em outro, usualmente utilizando-se valores que podem se referir a uma ampla gama de variáveis. A transferência em muitos casos não pode ser direta, pois inúmeras características apresentam diferenças entre dois locais distintos. É preciso que os dados utilizados sejam escolhidos com cuidado resultando em que somente parte deles possa ser selecionada para a transferência. Uma forma de uso deste método é a meta-análise, que consiste em analisar estatisticamente um conjunto de resultados, permitindo que se obtenham as informações necessárias a partir de uma variada fonte de dados e que possam ser utilizadas com alguma segurança.

A transferência de funções de benefícios, por sua vez, transfere toda uma função de um estudo para outro. Isto permite que os pressupostos do trabalho original não se percam, evitando que o novo trabalho adote suposições incompatíveis com o original e que tornariam a transferência inconsistente. Além disto, a transferência de benefícios permite que as relações entre as características do local e seus benefícios sejam utilizadas na transferência.

Um exemplo da transferência de funções de benefícios é transferência da função de demanda entre estudos de custo de viagem. Ao invés de se utilizar apenas os resultados da pesquisa original, toda a função de demanda é transferida e os dados obtidos no novo estudo (renda, preços, visitação, entre outros) são aplicados na função, podendo-se assim estimar razoavelmente os benefícios do novo local estudado.

Vantagens: Permite que sejam utilizados dados de um variado conjunto de técnicas de valoração dentro de um cronograma e logística restritos.

Desvantagens: O ideal é a existência de um conjunto de estudos que forneçam resultados que possam ser analisados estatisticamente, reduzindo a margem de erro. Diferenças entre os locais estudados sejam ela socioeconômicas, ambientais, de mercado ou na alteração esperada do benefício estudado, influenciam e podem impedir o uso deste método.

Emergia

Avançando no estudo da energia em sistemas naturais e artificiais, Howard T. Odum desenvolveu a análise emergética. A emergia refere-se ao total de energia solar utilizada para se fazer algo, seja a produção de matéria orgânica pelos vegetais ou a produção de um computador pela indústria.

Sua aplicação ocorre por uma seqüência de etapas específicas. Inicialmente um modelo esquemático deve ser construído representado o sistema que se pretende analisar, apresentando todos os fluxos e componentes que entrarão no estudo. Uma tabela é então construída listando todos os elementos do modelo junto com os valores dos fluxos. Em seguida estes valores são convertidos em emergia com base em coeficientes[27] pré-estabelecidos e, finalmente, são elaboradas equações para cada fluxo e elemento do sistema, nas quais são calculados os resultados das interações entre os diferentes fluxos e o valor final da emergia em cada componente do sistema.

Após a obtenção do valor em emergia, Odum propôs também que ela poderia ser convertida em valores monetários, permitindo assim desenvolver uma valoração baseada nos fluxos energéticos dentro e entre os sistemas naturais e econômicos.

Vantagens: Permitindo a medição, em uma base comum, de fluxos heterogêneos de energia, matéria e mesmo fluxos monetários dentro de, e entre sistemas econômicos e naturais, ela permite que se desenvolva um estudo objetivo de valoração.

Desvantagens: A elaboração do modelo esquemático implica em uma simplificação dos sistemas estudados, decorrentes da grande quantidade de dados necessários para a definição da emergia em cada fluxo e componente do sistema. Modelos mais complexos também demandam um conjunto maior de índices de conversão e um equacionamento mais complexo, sujeitando a ocorrência de erros acumulativos.

---

[27] Estes coeficientes representam a transformidade, ou seja, quanta energia solar foi usada para a obtenção de cada componente do modelo.

Conclusões

- **A valoração**

As técnicas de valoração analisadas mostram que o ferramental fornecido pela economia do meio ambiente apresenta uma maior praticidade e facilidade de uso, em parte por já estar consolidado e amplamente testado e em parte por demandar dados sobre o objeto de estudo que, em geral, são de fácil obtenção. Entretanto, ao reduzir o meio ambiente ao simples papel de provedor de recursos para satisfazer as necessidades humanas, a economia demonstra não poder trabalhar de forma ampla e consistente o meio ambiente e todas as suas relações com as atividades humanas.

Ao definir a importância do ambiente natural sob a ótica das preferências individuais, a economia simplifica o problema tornando-o mais assimilável pela teoria vigente, mas adiciona um componente subjetivo que se transforma em erro metodológico, tornando discutível qualquer tentativa de avaliação do valor do meio ambiente. Tal subjetividade se deve a dependência que o processo de formação de preferências tem por informações sobre as opções existentes. A influência dos meios de comunicação, interesses pessoais, nível de conhecimento sobre o problema e manipulação das informações disponíveis, fazem com que a opinião, e conseqüentemente as preferências das pessoas, não reflita a real importância que o meio natural tem em suas vidas.

Por outro lado a economia ecológica reconhece as características sistêmicas do meio ambiente e, embora use as técnicas da teoria econômica neoclássica, busca na interdisciplinaridade o suporte teórico que lhe permita compreender as complexas inter-relações do meio natural e das atividades econômicas, as quais são corretamente analisadas como parte integrante do sistema ecológico. Esta abordagem elimina o componente subjetivo de sua base teórica ao assumir que somente o conjunto das diferentes áreas do conhecimento científico pode contribuir para que a real importância do meio ambiente venha a ser compreendida. Entretanto ela ainda apresenta, e assume a existência deste componente de subjetividade, mas este está representado pelo reconhecimento que a estimativa de valores econômicos tem para o meio ambiente, não apenas representa uma subestimativa e que seu real valor é de difícil, se não impossível, monetarização.

A realização de um amplo levantamento de informações sobre o objeto de estudo é fundamental para a definição de qual técnica de valoração pode ser aplicada, sendo esta escolha influenciada também pela gama de fontes em campo, das quais se deseja obter dados, ou seja, a escala em que se trabalha. Deste modo, as técnicas que dependeram de informações baseadas em poucas fontes apresentaram resultados mais satisfatórios e concretos, mas por outro lado, a partir do momento em que se aumenta a variedade de fontes a serem pesquisadas, a precisão e confiabilidade das informações obtidas tende a diminuir. Assim, na definição de um trabalho de valoração, a pulverização de dados necessários entre muitos agentes representa um fator de imprecisão nos resultados obtidos.

Isto aponta para um relevante paradoxo existente na valoração econômica, seja ela neoclássica ou ecológica, o uso de uma ou poucas técnicas e fontes em conjunto fornecem resultados mais precisos, porém limitados em relação à abrangência do problema enquanto que o uso de muitas técnicas e fontes fornece uma visão abrangente, mas imprecisa. Desta forma fica claro que a possibilidade de uma correta valoração de um determinado sistema é impossível e os resultados obtidos devem sempre ser considerados com cautela e precaução.

Todas as técnicas de valoração apresentam problemas similares no que se refere a demanda/disponibilidade de informações. Entretanto, o custo de viagem e a valoração contingente fogem do problema da pulverização de fontes de dados, pois permitem que os dados sejam obtidos via pesquisa direta. Neste caso, a limitação a sua aplicação depende das dificuldades logísticas envolvidas em sua obtenção, sendo preciso a estruturação de um grupo de pesquisadores de campos para garantir que se possa obter uma amostragem representativa do universo de pessoas pesquisado. Além disto, sua forma de obtenção de dados via questionários, sobretudo na valoração contingente, agrega um fator de incerteza se as informações coletadas representam efetivamente o pensamento da população alvo da pesquisa.

Conforme exposto, o uso conjunto de duas ou mais técnicas é uma possibilidade, geralmente pouco explorada em trabalhos de valoração, a qual permite que uma quantidade variada de valores seja obtida, abrangendo diferentes facetas do problema estudado, podendo-se assim tentar chegar a um valor total (TEV) mais completo. Deve-se, entretanto, tomar cuidado para evitar uma dupla contagem, como no caso do uso do custo de viagem e mudanças na produtividade, afinal o custo que o turista tem durante a estadia no local equivale à produtividade das atividades econômicas voltadas ao turismo na região visitada.

Bibliografia

ALFSEN, K. H, et at. the cost of soil erosion in Nicaragua. Ecological Economics. v.16, p.129-145, 1996.

ALP, E. et al., Application of benefit transfer with contingent valuation method to the root river watershed. Institute for Urban Environmental Risk Management Technical Report. n.12. 2002. 81p.

AHLHEIM, M. Contingent valuation and the budget constrain. Ecological Economics. v.27, p.205-211, 1998.

AMAZONAS, M. C. Economia do meio ambiente: Uma análise da abordagem neoclássica a partir de marcos evolucionista e institucionalistas. Campinas. 1994. Dissertação, UNICAMP.

ANDERSON, J; VADNJAL, D & UHLIN, H. E. Moral Dimensions of the WTA-WTP cisparity: An experimental examination. Ecological Economics. v.32, p.153-162, 2000.

ARROW, K et al., Economic groowth, carrying capacity, and the environment. Science. v.268, p.520-521, 1995.

BARBIER, E.B. et al., Economic valuation of wetlands: A guide for policy makers and planners. Ramsar Convention Bureau. Gland, Switzerland. 1997. 143p.

BARBIER, E. B. Valuing the environment as input: Review of applications to mangrove-fishery linkages. Ecological Economics. v.35, p.47-61, 2000.

BATEMAN, I.J. et al., Benefits transfer in theory and practice: A review and some new studies. Centre for Social and Economic Research on the Global Environment. University of East Anglia. 2000. 132p. http://www.uea.ac.uk/~e089/

BELLI, P. et al., Handbook on economic analysis of investment operations. World Bank. 1998. 209p.

BINGHAM, G. et al., Issues in ecosystem valuation: Improving enformation for decision making. Ecological Economics. v.14, p.73-90, 1995.

BRITO, O. E. A. O Impacto ambiental dos programas energéticos. Revista Brasileira de Tecnologia. v.12. n.1, p.3-8, 1981.

BRODY, M. S. & Kealy, M. J. In: Ecological Economics special edition: Issues in ecosystem valuation improving information for decision making. Ecological Economics. v.14. n.2, p.67-70, 1995.

BROWER, M. Cool energy: Renewable solutions to environmental problems. EUA, Mit Press, 1991.215p.

BROWN, M.T. & ULGIATI, S. Emergy evaluation of natural capital and biosphere services. AMBIO. v.28. n.6, p.1-25.1999.

BROWN, M.T. & BURANAKARN, V. Emergy indices and ratios for sustainable material cycles and recycle options. Resources, Conservation and Recycling. n.38. pp.1-22. 2003.

BOXALL, P. C. et al., a Comparision of Stated Preference Methods in Environmental Valuation. Ecological Economics. v.18, p.243-253, 1996.

CAMPBELL, L. M. Ecotourism in rural developing communities. Annals of Tourism Research. v.26. n.3, p.534-553, 1999.

CARSON, T.R. et al., Contingent Valuation and Lost Passive Use: Damages from the Exxon Valdez. Discussion Paper QE94-18, Resources for the Future, Washington, D.C. 1995. 63p

CLARK, J., BURGUESS, J. & HarriSon, C. M. ''I struggled with this money business'': Respondents' perspectives on contingent valuation. Ecological Economics. v.33, p.45-62, 2000.

COIMBRA, J. A. A., O outro lado do meio ambiente. Cetesb, São Paulo, 1985, 148p.

COMUNE, A. E. Contabilização econômica do meio ambiente: Uma visão geral. In: Contabilização econômica do meio ambiente.

Elementos metodológicos e ensaios de aplicação no estado de São Paulo. Secretaria do Meio ambiente, SP. Série Seminários e Debates, 1992, 111p.

COSTANZA, R. What is ecological economics?. Ecological Economics. v.1, p.1-7, 1989.

CROSS, F. B. Facts and values in risk assessment. Reliability Engineering and System Safety. v.59, p.27-40, 1998.

DA MOTTA, R. S. Manual para valoração econômica de recursos ambientais. 1997. http://www.mma.gov.br/port/sbf/chm/publica/mvalora/.

DHARMARATNE, G.S. & Strand, I. Approach and methodology for natural resources and environmental valuation. 2003. http://www.cpacc.org/download/ valuation.pdf

DIXON, J. A. & SHERMAN, P. B. Economics of protected areas: A new look at benefits and costs. Earthscan Pub.1990, 235p.

DIXON, J. A. et al., A. Economics analisys of environmental impacts. Earthscan Pub.1996, 210p.

DOUGLAS, A. J. & TAYLOR, J. G. A new model for the travel cost method: The total expenses approach. Environmental Modeling & Software. v.14, p.81-92,1999.

DRUCKER, A. G., GOMEZ,V. & ANDERSON,S. The economic valuation of farm animal genetic resources: a Survey of available Methods. Ecological Economics. v.36, p.1-18, 2001.

EAGLE,J. G. & BETTER, D. R. The endagered species act and economic values: A comparison of fines and contigent valuation studies. Ecological Economics. v.26, p.165-171, 1998.

ENGLAND, R. W. Natural capital and the teory of economic growth. Ecological Economics. v.34, p.425-431, 2000.

FARBER, S. & BRADLEY, D., Ecological Economics. Ecological stewardship workshop. Dezembro 4-15, 1995. http://www.fs.fed.us/eco/workshop.htm

FORAY, D & GRÜBLER, A. Technology and the environment: An overview. Technology for um and Social Change. v.53, p.3-13, 1996.

GEORGESCU-ROEGEN, N. Energy and economic myths. Southern Economic Journal. v.41. n.3. http://dieoff.org/

GILBERT, A. J. & JANSSEN, R. Use of environmental functions to communicate the values of a mangrove ecosystem under different management regimes. Ecological Economics. v.25, p.323-246, 1998.

GILPIN, A. Environmental impac assessment (Eia): Cutting edge for the twenty-first century. Cambridge, UK, Cambridge University Press, 1996, 182p

GOODLAND, R. Environmental sustainability and the power sector, part 1: The concept of sustainability. Impact assessment. v.12, p.275-303,1994.

GUERIN, K. Property rights and environmental policy: A New Zealand perspective. New Zealand Treasury working paper. 2003. http://ww.treasury.govt.nz/workingpapers/ 2003/twp03-02.pdf

HADAD, S. & DONES, R. Comparative health and environmental risks for various energy sources. IAEA Bulletin. v.3, p.14-19, 1991.

HANNON, B. Ecological pricing and economic efficiency. Ecological Economics. v.36, p.19-30, 2001.

HARBORTH, Hans-Jürgen. the debate about sustainable development: Starting point for an environmental-oriented international development policy?. Ecological Ecomonics. v.14, p.7-31, 1991.

HARDARSON, M. & Hardarson P. The Economic Value of the Environment. 2000.
http://www.norden.org/pub/miljo/miljo/sk/2001-581.pdf

HARDIN, G. the Tragedy of the commons. Science. v.162, p.1243-1248, 1968.

HARRISON, G.W. Contingent valuation meets the experts: A critique of the NOAA panel report. NOAA. 2001. 20p

HEILBRONER, R.L. A História do pensamento econômico. Editora Nova Cultural Ltda. São Paulo. 1996. 319p.

HUETING, R. et al., The concept of environmental function and its valuation. Ecological Economics. v.25, p.31-35, 1998.

JORGENSEN, B. S., WILSON, M. A. & HEBERLEIN. T. A. Fairness in the contingent valuation of environmental public good: Attitude toward paying for environmental improvements at two levels of scope. Ecological Economics. v.36, p.133-148, 2001.

KABERG, T. & Mansson, B. Entropy and economic processes — Physics perspectives. Ecological Economics. v.36, p.165-179, 2001.

KEIL, T. 2003. Substitution or technical progress: A production theoretic perspective on the sustainability debate. http://linux.feem.it/gnee/libr.html

KEMP, R. & Soete, L. The greening of technological progress: An evolutionary perspective. Futures, p.437-457, 1992.

KENKEL, D. On valuing morbidity, cost-effectiveness analysis, and being rude. Journal of Health Economics. v.16, p.749-757,1994.

KOTCHEN, M. J. & REILING, S. D. Environmental attitudes, motivations, and contingent valuation of nonuse values: A case study involving endangered species. Ecological Economics. v.32, p.93-107, 2000.

KUCHLER, F. & GOLAN, E. Assigning values to life: Comparing methods for valuing health risks. US Dept. of agriculture. Agricultural Economic Report.n.784. 1999. 72p.

KULA, E. Economics of natural resources, the environment and policies.2a. Ed., Chapman & Hall ed.1994, 377p.

LEWIS, T. R. & SAPPINGTON, D. E. M. Using markets to allocate pollution permits and other scarce resource rights under limited information. Journal of Public Economics. v.57, p.431-455, 1995.

LIPTON, D.W., WELLMAN, I.C.K. & WEIHER, R.F. Economic valuation of natural resources-A handbook for coastal resources policymarkers. NOAA Coastal Ocean Program Decision Analysis Series. n.5. 131p.

LOHANI, B., J.W. et al., Environmental impact assessment for developing countries in asia. Volume 1 - an overview. Asian Development Bank. 1997. 356 p.

LOOMIS, J. et al., Paired comparison estimates of willingness to accept versus contingent valuation estimates of willingness to pay. Journal of Economic Behavior & Organization. v.35. p.501-515, 1998.

LOOMIS, J. et al., Measuring the total economic value of restoring ecosystem services in an impaired river basin: Results from a contingent valuation survey. Ecological Economics. v.33, p.103-117, 2000.

LOVEJOY, D. Are There limits to growth? The need for a transition to solar based economy. National Research for um. v.20. n.1, p.73-78, 1996.

LOVETT, A. & BATEMAN, I. Economic analysis of environmental preferences: Progress and prospects. Computers, Environment and Urban Systems. v.25, p.131-139, 2001.

MARKOWSKA, A. & ZYLICZ, T. Costing a international public good: The case of the Baltic Sea. Ecological Economics. v.30, p.301-316, 1999.

MARKOWSKI, M. Benefits transfer of children's health values. National Center for Environmental Economics. U.S. Environmental Protection Agency. Working paper n.02-10. 2002. 27p. http://www.epa.gov/economics

MARSHALL, A. Princípios de economia:Tratado introdutório, Volume I. Editora Nova Cultural Ltda. São Paulo. 1996. 368p.

MARX, L. Technology: The emergence of a hazardous concept.(Technology and the Rest of Culture). Social Research. v.64. n.3. p.965-989, 1997.

MIKESELL, R. F. Sustainable development and mineral resources. Resources Policy. v.20. n.2, p.83-86, 1994.

MORIOKA, T., FUJITA, T. & NOBORU, Y. Performance and shortcomings of typical environmental pollution control programs for automobile traffic in Kobe city and surrounding areas. Social cost evaluation of noise pollution by hedonic price pethod. ; The Science of Total Environment. v.189/190, p.99-105, 1996.

MOTA, J.A. O valor da natureza. Garamond universitária, Rio de Janeiro, 2001, 200p.

NIJKAMP, P & VAN DEN BERGH, J. C. J. M. New advences in economic modelling and evaluation of environmental issues.

European Journal of Operational Research. v.99, p.180-196, 1997.

NOGUEIRA, J. M. & MEDEIROS, M. A. A. Valoração econômica do meio ambiente: Aspectos teóricos e operacionais. 50a Reunião anual SBPC.1998, 30p.

NUNES, P.A.L.D; VAN DEN BERGH, J.C.J.M & NIJKAMP, P. Ecological–economic analysis and valuation of biodiversity. Tinbergen Institute Discussion Paper. 2000. 36p.

O'HARA. Discursive ethics in ecosystem valuation and environmentel policy. Ecological Economics. v.16, p.95-107, 1996.

O'RIORDAN, T & CAMERON, J. Interpreting the precautionay principle. Earthscan Publications Ltd.1994. 320p

ODUM, E. P. Ecologia. Rio de Janeiro, Ed. Guanabara, 1986, 434 p.

ODUM, H. T. Ecological and general systems: An introduction to systems ecology. Univ. Press of Colorado.1994, 643p.

ODUM, H. T. Environmental accounting: Emergy and environmental decision making. John Wiley & Sons.1996, 370p.

ODUM, H.T. & Brown, M.T. Folio #1, Handbook of Emergy Evaluation. Center for Environmental Policy, Environmental Engineering Sciences, Univ. of Florida, Gainesville, 2000. 30 pp.

Odum, H.T. Engenharia Ecológica: Uma metodologia para a Agricultura Sustentável. In: Ortega, E, org. Engenharia ecológica e agricultura sustentável: Uma introdução à metodologia emergética. 2003. 315p. http://www.fea.unicamp.br/docentes/ortega/livro/

PATTERSON, M. Commesuration and theories of value in ecological economics. Ecological Economics. v.25, p.105-125, 1998.

PEARCE, D. Economics, equity and sustainable development. Futures. v.20. n.6, p.598-606, 1988.

PEARCE, D. W. & TURNER, R. K. Economics of natural resources and the environment, Harvester Wheatsheaf, Hertfordshire, UK, 1990, 377p.

PENDLETON, L. Reconsidering the hedonic vs. rum debate in the valuation of recreational environmental amenities. Resource and Energy Economics. v.21, p.167-189, 1999.

REES, W.E. Revisiting Carrying Capacity: Area-Based Indicators of Sustainability. 1994. http://www.dieof.org

REES, W. E. How should a parasite value its host?. Ecological Economics. v.25, p.49-52, 1998.

REIS, J.L.M. ISO 14000: Gerenciamento ambienal: Um novo desafio para a sua competitividade. Qualitymark editora. 1996. 200p.

RING, I. Evolutionary strategies in environmental policy. Ecological Economics. v.23, p.237-249, 1997.

RÖNNBÄCK, P & PRIMAVERA, J. H. Illuminating the need for ecological knowledge in economic valuation of mangroves under different management regimes— A critique. Agricultural Economics. v.35, p.135-141, 2000.

RUELLE, D. Acaso e Caos. Editora da UNESP. São Paulo. 1993.224p.

SAFONOV, P. et al., Systems Modeling of Brazilian Sustainability with Emergy Flows Diagrams. In: Philippe Crabbé, ed. Implementing Ecological Integrity: Restoring Regional and Global Environmental and Human Health. Kluwer, NATO Science Series, Environmental Security. 2000. 4p

SCHLEINIGER, R. Comprehensive cost-effectiveness analysis of measures to reduce nitrogen emissions in Switzerland. Ecological Economics. v.30, p.147-159, 1999.

SHIELDS, D. J. Nonrenewable resources in economic, social, and environmental sustaibability. Nonrenewable Resouces. v.7. n.4, p.215-261, 1998.

SKEA, J. Energy and environment. Physics Education. v.1, pp1-11, 1992.

SMITH. v.K., Time and valuation of environmental resources. Resources for the Future Discussion Paper 98-07, Resources for the Future. 1997. 32pp

SPASH, C. & HANLEY, N. Preferences, information and biodiversity preservation. Ecological Modeling. v.12, p.191-208, 1995.

SPURGEON, J. The socio-economic costs and benefits of coastal habitat rehabilitation and creation. Marine Pollution Bulletin, 37(8-12):373-382.1998

SVEDIN, U. Economic and ecological theory: Diferences and similarities. In: Economics of ecosystem management. Holanda, W. Junk Publ., 1985, 31-39.

TENNER, E. A Vingança da tecnologia. Editora Campus. Rio de Janeiro. 1997. 474p.

TERRELL. T.D. Property Rights and Externality: The Ethics of the Austrian School. Journal of Markets & Morality. v.2. n.2. p.197-207. 1999.

TISDELL, C. Environmental economics: Policies for environmental management and sustainable development. Edward Elgar Ed.1997, 259p.

TOLMASQUIM, M. T. (Coord). Metodologias de valoração de danos ambientais causados pelo setor elétrico. Rio De Janeiro, UFRJ, COPPE, 2000, 272p.

TORRAS, M. The total economic value of amazonian deforestation, 1978-1993. Ecological Economics. v.33,p.283-297, 2000.

TURNER, R. K; SUBAK, S. ; & ADGER, W. N. Pressures, trends and impacts in costal zones: Interactions between socioeconomic and natural systems. Evironmental Management. v.20. n.2, p.159-173, 1996.

TURNER, R. K; ADGER, W. N. ; CROOKS, S. ; Lorenzoni, I. & Ledoux,L. Sustainable coastal resources management: Principles and practice. Natural Resources for um. v.23, p.275-286,1999.

TYRVÄINEN, L. The Amenity value of the urban forest: An application of the hedonic pricing method. Landscape and Urban Planing. v.37, p.211-222, 1997.

VAN DER STRAATEN, J. The Economic value of nature. In: H. Briassoulis and J. Van Der Straaten (Eds), Tourism and the environment, Second Revised Edition, Kluwers Academic Publishers, Dordrecht, 2000, p.123-132.

WARD, P. O. Fim da evolução: Extinções em massa e a preservação da biodiversidade. Editora Campus, 1997. 323p.

WEBER, M & ADAMOWICZ, W. Decentralized Instruments for Conservation of Biological Diversity: An Economic Approach to Cumulative Effects Management. Sustainable Forest Management Network Working Paper, University of Alberta. 2001. 25p.

WIENS, B. & Parker, K. R., Analyzing the effects of accidental environmental impacts: Approaches and assumptions, Ecological Applications. v.5. n.4, p.1069-1083, 1995

WILLIAMS, B. Environmental related issues taking their turn in restructuring industry. Oil. & Gas. Journal. v.22, p.14-18, 1990.

WORLD BANK TECHNICAL PAPER. Environmental assessment sourcebook volume III: Guideline for environmental assesment of energy and industry projects. the World Bank, Whashington, DC.1991, 237p.

Apêndices

Durante o desenvolvimento deste texto muitos conceitos necessários para uma melhor compreensão do tema tratado foram apresentados. Visando evitar que a leitura texto fosse truncada com as explicações, optou-se por agrupá-las neste apêndice, permitindo também um acesso mais rápido as mesmas pelo leitor.

O mercado perfeito

Adam Smith propôs que o funcionamento perfeito do mercado ocorreria em um ambiente de livre concorrência, no qual grupos de indivíduos com interesses similares gerariam uma competição que afetaria a forma como os produtos manufaturados são colocados no mercado, em função da quantidade, qualidade e preço que a sociedade deseja para determinado bem. Para ele, a competição entre os diversos atores do mercado atuaria como um mecanismo regulador de preços, da produção e da distribuição de renda, permitindo que o mercado se auto-regule.

O preço seria regulado pela competição entre os produtores e fornecedores. O aumento de preços por parte de um deles faria com que seu produto perdesse a competitividade, sendo eventualmente obrigado a reduzir seu preço para um patamar compatível com o praticado no mercado. Por outro lado, o aumento conjunto dos preços de produto A, por parte de seus produtores, permitiria a expansão do mercado de um produto B, diferente e mais barato, prejudicando o mercado do produto A.

A produção é controlada pelos interesses da sociedade que decide em dado momento que tipo de produto deseja, direcionando a produção para este produto. O aumento da demanda por um produto B causa o aumento de suas vendas e preço e a redução das vendas e preço do produto A. Para Smith a conseqüência é o direcionamento de trabalhadores para a indústria do produto B, buscando maiores rendimentos em um setor emergente, resultando em seu aumento da produção e oferta e finalmente a redução de seus preços. Os preços do produto A tenderiam então à subir devido à queda na produção e ao esgotamento dos estoques. Assim, a atuação da sociedade permitiria que a distribuição de produtos e seus preços fossem regulados.

A distribuição de renda também seria regulada pelo mercado, pois como aumento dos lucros na atividade ligada ao produto B faria com que a mão de obra se deslocasse para esta atividade, aumentando a oferta deste tipo de produto e a competição entre diferentes fornecedores eventualmente normalizaria seus preços.

Smith mostrou então que, em sua época, o mercado poderia funcionar perfeitamente sem a interferência do governo, pois somente a competição seria suficiente para regular quaisquer imperfeições que por ventura ocorressem no funcionamento do mercado.

Instrumentos econômicos de internalização das externalidades

As taxas são mecanismos diretos de internalização dos custos das externalidades, sendo impostos pelo Estado com base em normas definidas pela legislação. Podem assumir a características de taxas, como o valor pago para cobrir os custos do Estado com o tratamento de esgoto ou os custos burocráticos de gerenciamento do controle ambiental exercido por ele. Podem apresentar-se também na forma de multas, aplicadas ao poluidor ou de impostos sobre o produto, visando internalizar as externalidades de sua produção e consumo.

As licenças permitem a criação de um mercado artificial no qual são negociados os direitos a causar danos ambientais. Sua forma mais comum são as licenças de poluição, as quais consistem na distribuição, pelo Estado, de cotas que permitem às empresas poluir até determinado nível. Empresas capazes de reduzir seus níveis de poluição podem vender suas cotas excedentes àquelas que não tem as mesmas condições de se manter abaixo dos níveis determinados Isto faz com que as grandes empresas reduzam suas emissões e as pequenas possam manter ou até aumentar a sua, dependendo do valor e da quantidade de cotas que estas comprem. Outra forma de licenças são os seguros ambientais que permitem que a recuperação de um dano ambiental seja indenizada, permitindo que a empresa suporte os prejuízos advindos dos custos do dano causado. Um exemplo de seguros ambientais é tratado no **Erro! Fonte de referência não encontrada.**, o qual aborda especificamente os seguros do setor de transporte de petróleo.

Os subsídios são fornecidos pelo Estado visando estimular a redução da poluição permitindo que as empresas invistam na melhoria de seus processos produtivos, ou em tecnologias de "fim de tubo",[28] sem que isto resulte em um aumento proibitivo de custos.

Mercados hipotéticos

Quando um determinado bem não possui uma definição de preço no mercado, como é o caso de muitos recursos e serviços ambientais, é preciso criar um mercado hipotético para ele. Este mercado é obtido pela abordagem direta dos consumidores, na qual se busca verificar o quanto eles estão dispostos a pagar pelo bem avaliado. Isto permite a definição artificial de um preço hipotético para o recurso ambiental, indicando a importância atribuída a ele pelas pessoas.

Curva de demanda

A curva de demanda pode ser entendida como a relação entre o preço de determinado bem e a quantidade de pessoas dispostas, ou que podem, adquiri-lo em um determinado período e é afetada pela renda e pela substituição. A variação na renda faz com que a pessoa possa ter um acesso mais, ou menos, freqüente, ao bem considerado. A existência de bem substitutos, por exemplo, a criação de um parque mais próximo de sua residência que o originalmente visitado, abre o leque de escolhas que podem ser feitas. Ambos a renda e substituição atuam conjuntamente afetando a curva de demanda por determinado bem e também se influenciam mutuamente.

Um exemplo de curva de demanda utilizada em um estudo de custo de viagem está apresentado na Figura 4. Esta curva considera a quantidade de visitas feita a um determinado local em função dos custos de visitação. Observa-se que quanto menor for este custo, mais vezes as pessoas irão passar na área em questão.

---

[28] Tecnologias "fim de tubo" são aquelas que visam reduzir a poluição pelo controle e tratamento das emissões.

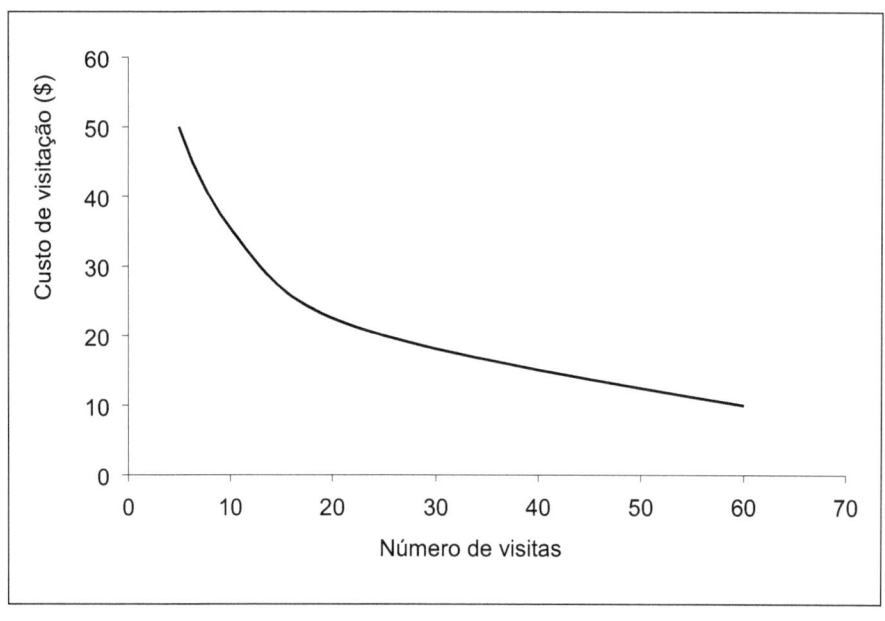

Figura 4: Exemplo de curva de demanda para um estudo de custo de viagem

No caso do estudo de custo de viagem, assume-se que estes custos aumentam de acordo com a distancia que o visitante deve percorrer de modo que pessoas oriundas de locais mais distantes tendem a visitar o local estudado com menor freqüência. Agrupando-se os visitantes em função de seu local de origem, e extrapolando-se o número de pessoas entrevistadas para a população total de seus municípios de partida, obtém-se a curva de demanda agregada, representando a demanda das diferentes regiões pelo recurso estudado.

www.ingramcontent.com/pod-product-compliance
Lightning Source LLC
Chambersburg PA
CBHW040319220526
45473CB00009B/2496